総合判例研究叢書

刑　　法 (17)

法人の刑事責任・両罰規定……金 澤 文 雄

有 斐 閣

刑

法 ・ 編集委員

佐　団
伯　藤
千　重
仭　光

序

フランスにおいて、自由法学の名とともに判例の研究が異常な発達を遂げているのは、その民法典が百五十余年の齢を重ねたからだといわれている。それに比較すると、わが国の諸法典は、まだ若い。最も古いものでも、六、七十年の年月を経たに過ぎない。しかし、わが国の諸法典は、いずれも、近代的法制を全く知らなかつたところに輸入されたものである。そのことを思えば、この六十年の間に極めて重要な判例の変遷があつたであろうことは、容易に想像がつく。事実、わが国の諸法典は、それに関連する判例の研究でこれを補充しなければ、その正確な意味を理解し得ないようになつている。

判例が法源であるかどうかの理論については、今日なお議論の余地があろう。しかし、実際問題として、多くの条項が判例によつてその具体的な意義を明かにされているばかりでなく、判例によつて特殊の制度が創造されている例も、決して少くはない。判例研究の重要なことについては、何人も異議のないことであろう。

判例の創造した特殊の制度の内容を明かにするためにはもちろんのこと、判例によつて明かにされた条項の意義を探るためにも、判例の総合的な研究が必要である。同一の事項についてのすべての判決を探り、取り扱われた事実の微妙な差異に注意しながら、総合的・発展的に研究するのでなければ、判例の研究は、決して終局の目的を達することはできない。そしてそれには、時間をかけた克明な努力を必要とする。

幸なことには、わが国でも、十数年来、そうした研究の必要が感じられ、優れた成果も少くないようになつた。いまや、この成果を集め、足らざるを補ない、欠けたるを充たし、全分野にわたる研究を完成すべき時期に際会している。

かようにして、われわれは、全国の学者を動員し、すでに優れた研究のできているものについては、その補訂を乞い、まだ研究の尽されていないものについては、新たに適任者にお願いして、ここに「総合判例研究叢書」を編むことにした。第一回に発表したものは、各法域に亘る重要な問題のうち、研究成果の比較的早くでき上ると予想されるものである。これに洩れた事項でさらに重要なもののあることは、われわれもよく知つている。やがて、第二回、第三回と編集を継続して、完全な総合判例法の完成を期するつもりである。ここに、編集に当つての所信を述べ、協力される諸学者に深甚の謝意を表するとともに、同学の士の援助を願う次第である。

昭和三十一年五月

編集代表

小野清一郎　宮沢俊義

末川博　我妻栄

中川善之助

凡例

一　判例の重要なものについては、判旨、事実、上告論旨等を引用し、各件毎に一連番号を附した。

二　判例年月日、巻数、頁数等を示すには、おおむね左の略号を用いた。

大判大五・一一・八民録二二・二〇七七　（大審院判決録）
（大正五年十一月八日、大審院判決、大審院民事判決録二十二輯二〇七七頁）
大判大一四・四・二三刑集四・二六二　（大審院判例集）
最判昭二二・一二・一五刑集一・一・八〇　（最高裁判所判例集）
（昭和二十二年十二月十五日、最高裁判所判決、最高裁判所刑事判例集一巻一号八〇頁）
大判昭二・一二・六新聞二七九一・一五　（法律新聞）
大判昭三・九・二〇評論一八民法五七五　（法律評論）
大判昭四・五・二二裁判例三・刑法五五　（大審院裁判例）
福岡高判昭二六・一二・一四刑集四・一四・二一一四　（高等裁判所判例集）
大阪高判昭二八・七・四下級民集四・七・九七一　（下級裁判所民事裁判例集）
最判昭二八・二・二〇行政例集四・二・二三一　（行政事件裁判例集）
名古屋高判昭二五・五・八特一〇・七〇　（高等裁判所刑事判決特報）
東京高判昭三〇・一〇・二四東京高時報六・二・民二四九　（東京高等裁判所判決時報）
札幌高決昭二九・七・二三高裁特報一・二・七一　（高等裁判所刑事裁判特報）
前橋地決昭三〇・六・三〇労民集六・四・三八九　（労働関係民事裁判例集）

その他に、例えば次のような略語を用いた。

裁判所時報＝裁　時　家庭裁判所月報＝家裁月報

判例時報＝判　時　判例タイムズ＝判　タ

目次

法人の刑事責任・両罰規定

金澤文雄

法人の刑事責任・両罰規定

金澤文雄

はしがき

法人の刑事責任及び両罰規定に関する判例は判例集、速報、新聞等に載つた限り本稿にもれなく収集したつもりである。しかし、或いは遺漏があるやも知れず、又、判例集等に載らなかつた判例の中にとり上げるべきものが残されているかも知れない。これらについては他日補正の機会を得たいと思う。

判例研究の方法については、私自身確定的な見解をもつに至つていない。一応、判例研究とは、まず個々の判決を分析し、そこにおける法の具体的な解釈適用を明らかにすること、次にこれらを綜合することによつて判例全体を貫ぬく内在的論理を発見すること、そしてこの論理に照らして再び個々の判決の批評を行うことであろうと考える。しかし、判例は、客観的秩序として存在する法の有権的解釈に外ならないとすれば、判例研究も亦判例を超えて法の客観的論理に関係せざるをえないのであり、法の正しい解釈という見地を離れるわけにはいかないのである。この見地から判例の論理自体を批判することは許されてよいし、又、必要でもあると思う。

その意味で、ここでは、判例の論理を忠実に追求すると同時に或る程度学説的な批判をも加えることにした。

法人の刑事責任及び両罰規定の問題につき私見を試論的に述べた個所も少なくない。大方の御教示を得れば幸いである。

一　序　説

法人に刑事責任を認むべきか否かは古い論争問題である。歴史的に見ると、ローマ法は団体の処罰を否定していたといわれるが、中世では、インノチェント四世の如く法人の犯罪能力を否定する論者もあつたが、一般に学説はこれを肯定し、実際に団体の処罰が行われた。特に後期註釈学派のバルトールス（Bartolus）以来法人擬制説と法人処罰思想とが結合し、本来的団体犯罪と非本来的団体犯罪との区別がなされるなど特異の発展を見た。そしてこの団体処罰思想は一八世紀のおわりまで支配的理論として継承された。

ところが、一八世紀の終末から支配的理論は突然団体処罰の極端な否定説へと転換した。一七九二年のマールブラン（Malblanc）の小論文「法人の犯罪についての考察」がその契機とされているが、この急転の真の理由はフランス革命によつて国家と個人との間の中間的団体が在来のような重要性を喪失したために団体処罰の必要がなくなつたことにある（R. Schmitt, Strafrechtliche Maßnahmen gegen Verbände, S. 27）。マールブランの思想はその後サヴィニーの法人擬制説によつて基礎づけられ、ドイツをはじめヨーロッパ大陸諸国の法の原則となつた。

ところが一九世紀初頭の産業革命によつて法人が再び社会生活特に経済生活において重要な地位を占めるに至るや、団体処罰の主張も亦復活した。ギールケはゲルマン法の伝統に依つて団体実在論の見地から強力に団体処罰を主張した。かくして法人擬制説と実在説との間に前世紀における最大の法律論争が闘わされたことは周知の事実である。

今世紀に入ると、法人の刑事責任の有無は法人本質論によつて決定さるべきではなく、むしろ主として犯罪及び刑罰の本質から論じられねばならないとする見解が有力となり、そしてこの見地から法人の刑事責任を否定するのが特にドイツ刑法学では通説となつている。ちなみに、今日団体の刑事責任を肯定するドイツの学者は私の知る限りではフォン・ウェーバー（von Weber）一人だけである。イタリヤ、スペイン等ヨーロッパ大陸諸国においてもほゞ同様な状態である。この点フランスにおいてはやや事情が異なり、学説上は最近肯定説が優勢となつてきている。フランスにおいては亦、「他人の行為による刑事責任」（responsabilité pénale du fait dáutrui）ということが十九世紀半ば以来判例、次いで各種の特別法規によつて認められてきている。これもドイツ刑法とかなり趣きを異にする点である。

英米法においては一八四〇年頃から法人の処罰を肯定する方向に向つた。この転換は主として判例によつて行われた。当初は不作為犯についてのみであつたが、次に作為犯へ、更に、いわゆるメンス・レアを要素とする犯罪へと進み、今日では、偽証、重婚、謀殺のごときをのぞいて殆んどすべての犯罪につき法人の刑事責任を認めるに至つた（金沢「英米法における法人の刑事責任」刑法雑誌四巻四九五頁以下参照）。これと並行して、自然人たる業務主を含めて一般に雇人の違反行為に対する主人の刑事責任ということが制定法上の犯罪については広く認められるに至つた。これは雇人の行為が業務の一般的範囲内にある限り主人に絶対的な責任を負わせるもので、代位責任（vicarious liability）と称されている。

かようにして、法人の刑事責任及び業務主責任につき比較法的に見て二つの主義すなわち大陸法主義と英米法主義とが対立しているわけである。そしてこの対立は犯罪及び刑罰の根本観念の相異にもとづくものと考えられる。すなわち、それはドイツに典型的に見られる倫理的責任、応報及び贖罪を理念とする刑法観と、社会的秩序及び福祉のための必要性を理念とするプラグマティズムの刑法観との対立である。

さて、我国においては、刑法理論としては主としてドイツのそれに同調しており、従つて法人の刑事責任も代位責任も否定しているわけであるが、立法においては両罰規定という我国独自の包括的業務主処罰規定を大幅に採用して、英米法のあとを追つているのである。そこには理論と立法との矛盾が存在する。両罰規定解釈上の困難はこの相異なる法体系の混在から生じている。通説及び判例は従来この矛盾を矛盾のまゝに放置してきた。すなわち、一方において刑法の責任主義の原則から法人の犯罪能力を否定すると同時に他方において両罰規定の業務主責任は他人の行為による無過失責任であるとして責任主義に大々的の例外を認めるのである。最近、判例は自然人たる業務主につきこれを過失責任と解するに至り、その限りでは責任主義との調和が回復されたが、新たにこれと法人の責任との間に食い違いが生ずることになつた。

刑法体系の混合から生じた矛盾は新しい体系を樹立することによつて止揚さるべきであろう。その意味で立法に対してのみならず在来の学説の根本観念に対して批判がなされなければなるまい。しかし、本稿は判例研究であるから、そのような根本的批判を直接の目的とするものではない。これらの根本問題については他の機会に詳細に私見を述べたいと思う。

二　法人の犯罪能力

一　法人の本質及び目的の見地から

法人の犯罪能力の問題は法人が犯罪の主体、換言すれば、構成要件該当、違法にして有責な行為の主体となりうるか否かという問題である。これについて判例は終始一貫して否定的立場をとっているが、その理由については初期の判例は専ら法人の本質及び目的にその理由を求めている。

最初のそして決定的ともいうべき判例は旧刑法時代の次の判決である。事案は法人たる漁業組合の代表者が組合員の議決を経て組合の名義をもって漁業権侵害ありとの誣告文書を提出したというものである。上告趣意は公訴は法人の代表者たる資格に対してなされるべきであり、組合自体を処罰すべきであると主張したが、大審院はこれを退けた。

【1】「依テ按スルニ漁業法第十九条ニ依ルトテハ漁業組合ハ漁業権ノ享有及行使ニ付キ権利ヲ有シ義務ヲ負フヲ以テ一ノ法人ヲ組成スルコトハ明確一点ノ疑ヲ容レス又タ同法第二十八条ニ「第三条第四条ノ権利ヲ侵害シタル者ハ被害者ノ告訴ニ依リ百円ノ罰金ニ処ス」トアルヲ以テ法人タル漁業組合ガ其漁業権ヲ侵害セラレタルトキハ被害者トシテ告訴ヲ為スコトヲ得ルハ勿論其告訴ハ組合ノ事業トシテ組合員ノ議決ヲ経タル上組合ノ代表者タル理事ニ於テ組合ノ名義ヲ以テ提出スヘキモノナルコトモ亦タ誠ニ明瞭ナリトス若シ夫レ漁業組合ノ名義ヲ以テ提出セラレタル漁業権侵害ノ告訴カ正当ナリトセンカ此場合ニ於テハ其ノ告訴ハ組合ノ告訴トシテ完全ニ其効ヲ生シ何等ノ難問ヲ生スルコトナシト雖モ其告訴カ不正ニシテ誣告ニ出テタルモノトセハ何人カ

之ニ対シテ責任ヲ負フヘキヤ是レ本訴ニ於テ決スヘキ重要ノ点ナリトス抑モ誣告ハ一ノ犯罪ナルヲ以テ誣告ニ対シテ刑事上ノ責任ヲ負フニハ必ラスヤ犯罪ノ主体タルノ能力ナカルヘカラサルハ論ヲ俟タサル所ニシテ此能力ヲ有スル者ハ有形人タルコトヲ要シ法人ハ無形人ニシテ唯タ其ノ目的ノ範囲内ニ於テ人格ヲ享有スルニ過キサルヲ以テ犯罪ノ主体タル能力ヲ有セサルヲ原則トシ法律ノ明文ヲ以テ特ニ犯罪ノ主体トシタル場合ニアラサレハ刑事上ノ責任ヲ負ハサルノミナラス此場合ト雖モ財産刑其他法人ノ性質ト相容ルヘキ刑罰ニ服従スルニ止マリ如何ナル場合ト雖モ体刑ヲ科スヘキ犯罪ノ主体タルコト能ハサルヘキハ法人其者ノ性格ニ於テ毫モ疑ヲ容レサル所ナリ故ニ漁業組合ノ名ヲ以テ為シタル漁業権侵害ノ告訴カ誣告ニ出テタル場合ニ法人タル組合カ体刑ヲ科スヘキ誣告罪ノ主体トシテ刑罰ヲ受クヘキ限リニサラサルハ多弁ヲ要セスシテ明カナリ（中略）夫レ斯ノ如ク法人タル漁業組合ハ其ノ名ヲ以テ為シタル誣告ニ対シ刑事上ノ責任ヲ負ハサルモノトスルトキハ現ニ誣告ヲ為シタル其ノ代表者ニ於テ刑事上ノ責任ヲ負フ可キモノニシテ其ノ誣告カ法人タル組合ノ事業トシテ組合ノ名ヲ以テ為サレタル事実ハ其ノ罪責ニ何等ノ影響ヲ及ホスコトナシ」（大判明三六・七・三刑録九・一二〇二）。

この判決は法人が無形人でありその目的の範囲内において人格を享有するにすぎないことをもって犯罪無能力の理由としている。そこで問題となるのは第一にこれは法人擬制説に基づくものであるか否かであり、第二に目的による権利能力の制限が犯罪能力否定の論拠とされている点についてである。これらの問題を考察する前に、この判決以後の数個の同旨判決を見ておこう。これらは犯罪能力否定の理由を特に述べていないが、この判決と同様の論拠によるものと思われる。

次の判決は、会社の取締役が会社の名義を利用して詐欺をなした事案につき会社の処罰を否定したものである。

【2】「我法制上法人ヲ処罰スヘキ場合ハ特ニ其ノ旨ノ規定ヲ設クルヲ以テ其以外ノ場合ニ於テハ法人ヲ処

罰スルコト能ハサルハ勿論ニシテ若シ法人ノ機関タル自然人カ法人ノ名ヲ以テ或ル罪ヲ犯シタルトキハ現ニ之ヲ実行シタル自然人ヲ処罰スルノ法意ナリト解スルヲ相当トスルノミナラス本件ニ於ケル原判決ノ事実認定ニ依レハ被告等ハ共謀シテ判示株式会社ノ存在及ヒ自己ノ取締役タル資格ヲ利用シ判示詐欺手段ヲ以テ他人ヲ欺キ相当資力アル会社ニ対シ無尽掛金ヲ為スモノト誤信セシメ其実該掛金ノ名義ヲ以テ他人ヲシテ自己ニ金銭ヲ交付セシメ不正ニ之ヲ領得シタルモノナレハ被告等ノ所為詐欺罪構成ノ要素ヲ具備スルコト明白ニシテ原判決ハ所論ノ如キ不法アルコトナシ」（大判大七・九・六新聞一四七三・二四）。

次の判決は会社の代表者が会社の利益の為めに会社の業務に関して不法に委託物を質入れして会社をして領得せしめた事案に関する。上告趣意は本件行為は被告人たる代表者の行為ではなく会社の行為であるとし、その理由として第一に問題の委託物は会社が販売委託をうけて占有中のものであり、第二に質入は会社の営業資金を得るためであり、第三に被告人は代表者としての資格で行為し、第四に被告人は一金たりとも私していないことをあげた。判決は代表者につき横領罪の成立を認めた。

【3】「問屋ハ委託者ヨリ販売ノ委託ヲ受ケタル物ヲ委託者ノ為ニ自己ノ名ヲ以テ販売スルノ権利ヲ有スルコト勿論ナリト雖自己ノ為ニ之ヲ擅ニ質入処分スルノ権利ヲ有スルモノニ非ス固ヨリ此ノ如キ質入契約ハ質取主トノ関係ニ於テ有効ナル場合アルヘシト雖其ノ処分ハ委託者ニ対シテ不法行為タルヲ免レス而シテ本件ニ於ケル如ク問屋業者カ会社ニシテ其ノ代表者カ業務執行ニ付此ノ如キ不法行為ヲ為シタルトキハ法律ノ規定（商法第百五条第六十二条第二項民法第四十四条第一項）ニ依リ会社ニ於テ其ノ損害賠償ノ責ニ任スヘキコト明白ナリト雖現行刑法ニ於テハ法人ノ代表者カ法人ノ利益ノ為ニ罪ヲ犯ストキハ法人ヲ犯罪ノ主体ナリトシテ刑事上ノ責任ヲ負担セシムヘシトスル見解ヲ排斥シ事実上其ノ犯罪ヲ為シタル代表者ヲ処罰スルモノト解スルヲ正当ナリトス原判旨ニ依レハ被告ハ合資会社相上商店ノ代表者ニシテ同商店ニ於テ委託者ヨリ販売ノ為委託セラレタル物ヲ被告カ其ノ代表者トシテ業務上占有中会社ノ業務執行ニ付擅ニ他ニ質入レ会社ヲシテ領得セシメタ

ル者ナルカ故ニ横領罪ノ刑責ヲ免ルヘキモノニ非ス論旨理由ナシ」（大判大一二・一二・一刑集二・八九五）。

次の判決の事案は、被告人は鉄板売買を目的とする株式会社の株式過半数を有すると共にその代表取締役にして殆んど自己独断でその業務を執行するものであるところ、関東大震災の機会に暴利を得る目的をもつて鉄板を売惜しみ又は不当価格で販売し、よつて大正一二年勅令第四〇五号に違反したというのである。弁護人の主張は本件は会社の違反行為であるから被告人個人を処罰すべきでないとするが、判決はこれを拒否した。

【4】「大正十二年九月七日勅令第四百五号ハ曠古ノ大震災ニ際シ需給関係ノ変調ヲ奇貨トシ各種不穏当ナル手段ニ依リ国民生活ノ必需品ニ対シ市価ノ激変ヲ誘致シ因テ以テ暴利ヲ網セントスル者ヲ取締ラントスルコトヲ目的トスルニ在レハ同号ニ生活必需品ノ買占若クハ売惜ヲ為シ又ハ其ノ販売ヲ為シタル者トハ震災ニ際シ暴利ヲ得ルノ目的ヲ以テ事実上是等ノ行為ヲ為シタル者ノ謂ニシテ苟モ該行為ヲ為シタル者アル以上ハ犯罪成立シ其ノ者カ法人ノ代表機関トシテ之ヲ為シタルト否トハ犯罪ノ成否ニ毫モ消長ヲ来スモノニアラサルナリ故ニ被告人カ本件違反行為ヲ法人タル川合喜太郎商店ノ代表機関トシテ為シタルノ故ヲ以テ其ノ罪責ヲ免ルルヲ得サルモノト云フヘシ」（大判大一四・六・九刑集四・三八三）。

次の判決は、株式会社の取締役社長が他人の訴訟事件に関し、他人の名誉を毀損すべき虚偽の事実を情を知らない弁護人に申聞かし、会社より訴訟に従参加の申請をなすことを委任して右の事実を記した従参加申請書を裁判所に提出せしめかつ公開の法廷において陳述せしめた事案に関する。弁護人の主張は被告人の行為は会社の社長としてその業務執行上なされたもので被告人個人の行為ではないというにある。

【5】「我法制ニ於テ犯罪ノ主体トナルモノハ自然人ノミニシテ法人ハ犯罪能力ヲ有セサルヲ以テ原則トナシ特ニ明治三十三年法律第五十二号ノ如キ規定存スル場合ニ限リ法人ハ処罰セラルヘキモノト解スルヲ相当トス而シテ法人ノ代表者カ法人ノ業務執行上他人ノ名誉ヲ毀損スル行為アリタリトスルモ斯ル場合ニ法人ヲ処罰スヘキ特別ノ規定存セサルヲ以テ法人ハ処罰セラルヘキモノニアラスシテ犯罪能力アル当該行為者ニ於テ処罰ヲ免レサルモノトス原判決ハ被告人カ塩那電気株式会社ノ取締役社長ニシテ判示株式名義書替請求事件ニ付其ノ被告ヲ補助スル為縄野弁護士ニ対シ判示ノ株式ハ上記株式会社ノ所有ニシテ他ノ会社ニ於テ保管中野崎信夫カ之ヲ窃取シタル旨虚偽ノ事実ヲ告ケ同上株式会社ヨリ同訴訟ニ対シ従参加ノ申請ヲ為スヘキ旨ヲ委任シ同弁護士ハ之ニ基キ従参加ノ手続ヲ為シ判示裁判所ノ法廷ニ於テ前記虚偽ノ事実ヲ陳述シタル旨ヲ説示シ被告人ヲ名誉毀損罪ニ問擬シタルハ前段説示ノ理由ニ依リ正当ナリ論旨ハ理由ナシ」（大判昭五・六・二五刑集九・四三三）。

次の判決は旧新聞紙法第一二条の時事に関する新聞紙は一定の保証金を納めなければ発行し得ずとの規定に違反して合資会社和歌山興信所の業務執行社員が新聞紙を発行したという事案に関するもので、弁護人は無形人たる会社が犯罪の主体であるとして上告した。

【6】「新聞紙法ノ解釈上法人タル会社ハ新聞ニ付持主タルコトヲ得ルモ印刷人又ハ発行人ト為ルヲ得サルハ明白ナレハ会社ノ法定代理人タル業務執行者カ同法第十二条ニ違反シテ新聞紙ヲ印刷発行シタル場合ニ於テハ其行為ハ一己ノ行為トシテ処罰スヘキモノト云ハサルヘカラス然ラハ原院カ判示ノ事実ヲ以テ被告ノ行為トシテ被告ヲ処罰シタルハ相当ニシテ論旨ハ理由ナシ」（大判明四四・二・九刑録一七・五二）。

会社の役員等が会社のために会社の計算において公務員に贈賄した場合には行為者自ら贈賄者としての責任を負うべきものとする判決がある。

【7】「会社ノ役員其ノ他ノ使用人カ会社ノ為ニ計ル目的ヲ以テ会社ノ計算ニ依ル出捐ヲ為シ以テ公務員ニ対シ其ノ職務ニ関シテ利益ヲ交付提供若ハ約束シタル場合ニ在リテモ其ノ当該行為者自ラ贈賄者タル責任ヲ負

担スヘキハ当然ニシテ明治三十三年法律第五十二号ノ如キ特殊ノ法文ノ存セサル限リハ単ニ自己ノ為ニスルニアラスシテ専ラ会社ノ関係ニ出テタルヲ根拠トシテ之カ責任ヲ免ルルヲ許スヘキモノニアラス」(大判昭四・一二・四刑集八・六〇九)。

なお、次の如く傍論的に法人の犯罪無能力を述べている判決もある。

【8】「按スルニ吾現行法上法人カ犯罪能力ヲ有スルコトヲ認メサルヲ原則トシ従テ特別ノ法規存セサル限リ法人自体ヲ処罰スヘキニ非サルコト洵ニ所論ノ如シト雖本件ニ於テ原判決ノ確定スルトコロハ判示山二証券株式会社自体ヲ以テ取引所法違反ノ取次営業ヲ為シタルモノト為セルニ非スシテ同会社ノ取締役等カ同会社ノ為其ノ名ニ於テ為シタルモノト認メタルノ趣旨ナルコトハ論旨第一点ニ付説明シタルカ如シ」(大判昭九・三・二〇評論二四刑法一二三)。

さて、これらの判決に見られる法人の犯罪能力の否定が法人擬制説を根拠とするものであるか否かを考えてみよう。法人擬制説による法人の犯罪能力の否定はサヴィニー以来の伝統的な思想といってもよい。ところが、法人の本質については大審院の見解は明らかでない。民法四四条一項の法人の責任に関しても、法人の本質については明言するところがない。

民事判例を例示的にあげてみよう。次の判決は民法四四条一項は擬制か実在かの学説上の争いとは関係がないとしている。

【9】「株式会社ナル法人ハ其性質ノ如何即チ法律ノ仮設ヲ俟タスシテ現実ニ存在スルモノ学説ノ所謂実在ナルト将タ法律ノ仮設ヲ俟テ始メテ存在スルモノ学説ノ所謂擬制ナルトヲ問ハス会社ノ理事カ其ノ職務ヲ行フニ当リ他人ニ加ヘタル損害ニ対シテハ会社其責ニ任スヘキハ民法第四十四条第一項ノ明定スル所ナルヲ以テ更ニ説明ヲ要セス」(大判明三九・一〇・三民録一二・一一六七)。

下級審の民事判決の中には次のように擬制説を採用する判決も見受けられるし、逆に、実在説を採用して会社の不法行為能力を認める判決も存在する。

【10】「法人は法律に於て自然人以外に権利主体と認めたる無形の人格者なるが故に事実上意思能力及行為能力を有することなく唯法律上其代表者の法律行為が代理の原則に依り法人に対して直接に其効果を及ぼすに過ぎず左れば法人は自ら不法行為を為すことを得ざるは勿論其代表者の行為に付ても法律に特別の規定ある場合の外其責に任ずべきものにあらず」（長崎地判明四二・二・一三新聞五五五六・一二、商事判例集追一・二四）。

【11】「法人ハ実在ノ組織体ニシテ法律ノ擬制ニ依リ存在ヲ認メラルルモノニ非ス公益法人ノ理事商事会社ノ会社ヲ代表スル社員若クハ取締役ハ法人ノ代理人ニ非スシテ法人ノ機関ナリ株式会社ノ取締役カ会社ノ目的ノ範囲内ニ属スル業務ヲ執行スルハ取締役ノ行為ニ非スシテ会社ノ行為ナルヲ以テ取締役カ会社ノ業務ヲ執行スルニ際シ過失ニ依リ他人ニ損害ヲ加ヘタルトキハ取締役ノ不法行為ニ非スシテ会社ノ不法行為ナリトス」（東京控判明三九・五・一五新聞三五八・二三、判例体系一）。

こうしてみると判例の犯罪能力否定は必ずしも擬制説の見地からするものとは解されない。法人が自然人の如き身体を有しないという意味において無形人であることは実在説も亦承認するところである。

理論の問題としても法人の犯罪能力が法人本質論によつて一義的に決定されるものでないことは明らかである（反対、安平・改正刑法総論（昭二五）一四三頁）。犯罪能力とは構成要件該当、違法、有責な行為の能力であるから、法人の犯罪能力は主としてこれらの刑法上の要件の性質から考察されなければならない。法人擬制説が支配的である英米法において法人の犯罪能力が肯定され、実在説が支配的であるドイツ法においてこれが否定されているということもこの点から理解される。法人の犯罪能力を否定する前記諸判例は犯罪及び刑罰の本質の問題を取上げない点において不充分であるといわなければならない。

次に目的による制限について考えよう。目的による権利能力の制限については民法四三条に規定がある。判例はこの制限を当初極めて厳格に解していたが次第にこれを緩和し、特に会社については会社の目的及び目的の範囲を広く解している。例えば、定款の目的自体に包含されなくとも、目的遂行に必要な行為は目的の範囲内に属し、目的遂行に必要なりや否やは、定款記載の目的に現実に必要であるか否かによらず、客観的抽象的に必要でありうべきかどうかの基準に従って決定すべきものとしている(最判昭二七・二・一五民集六・二・七七、外多数の同旨判例)。

しかし、目的による制限が存在する限り、この制限は犯罪能力についてと同様民法上の不法行為能力についても問題とされなければならない。古い判例の中にはかような点から法人の不法行為を否定する趣旨のものと見られるものもないではない。例えば、法人の機関の不法行為に関して、「不法行為ニ付テハ代表ナシ」(大判大二・四・二六民録一九・二八一)とか代理は不法行為に適用しえないから民法四四条一項は代表機関の不法行為の効果が代理の法則に依り法人に帰属すべきことを定めたものではないとするものもある(大判大九・六・二四民録二六・一〇八三)。しかし、その後の民事判例は法人の不法行為能力につき明言していない。

これに対し、代表者の違法行為は常に権限外の行為であると共に会社の目的の範囲外にあるとする刑事判決がある。事案は会社の取締役が株主総会の決議を経て会社の存立に関する問題解決のため公務員に小切手を贈賄したというのであるが、その贈賄小切手振出は会社の目的に含まれないとして取締役に有価証券偽造罪の成立を認めた。

【12】「法人ハ法律ノ規定ニ依ルニ非サレハ成立スルコトヲ得サルヲ以テ（民法第三十三条）株式会社トシテ保有スル権利義務ノ主体タル人格ハ定款ニ因リテ一定セル目的ノ範囲内ニ於テノミ存スルモノト解スルヲ相

当トス（民法第四十三条）而シテ其代表機関タル取締役ハ会社ノ目的タル営業ノ範囲ニ於テノミ一切ノ裁判上又ハ裁判外ノ行為ヲ為ス権限ヲ有スルカ故ニ（商法第六十二条第一項）右権限外ノ行為ニ付テハ取締役ハ会社ノ人格ヲ代表スルコトヲ得ス従テ会社ハ取締役ノ権限外ノ行為ニ付キ責任ヲ負フコトナキヲ原則トス但法律ハ第三者ノ利益保護ト法人ノ信用保護トヲ目的トシテ法人ハ其代表者カ其職務ヲ行フニ付キ他人ニ加ヘタル損害ヲ賠償スヘキ責任ヲ負フヘキモノト定メタルヲ以テ（民法第四十四条第一項）会社ハ取締役カ会社ノ営業ニ付キ為シタル不法行為ノ責任ヲ辞スルヲ得サルニ過キス又民法第七十一条及ヒ商法第四十八条ハ法人ニ対スル設立許可ノ取消シ及ヒ商事会社ノ解散ノ原由ヲ規定シタルモノニシテ法人ハ其目的以外ニ於テモ存在シ且ツ不法行為能力ヲモ有スルコトヲ承認シタル趣旨ナリト解スルヲ得サレハ法人ノ代表機関カ為シタル行為ニシテ法人ノ目的以外ニ属シ殊ニ不法行為ニ該当スルトキハ法人ノ行為トシテハ何等効力ヲ生セス従テ其代表機関ハ法人ノ行為ナリト主張シテ其責ヲ免ルルコトヲ得ス（中略）取締役ハ会社ノ目的タル営業ノ範囲内ニ於テ会社ノ人格ヲ代表シ得ヘク其以外ニ於テハ総テ之ヲ代表シ得サルモノト解スルヲ相当トス故ニ株式会社ノ目的タル営業ノ範囲ニ属セサル行為ノ実行カ縦令会社ノ利益ニ帰スヘク而モ会社ノ存立ヲ保護スルニ必要ナリトスルモ又株主総会ノ議決ニ因リタルモノトスルモ将タ又後日株主総会ノ承認ヲ経タルモノナリトスルモ仍ホ之ヲ以テ取締役カ会社ノ代表機関トシテ為シタル行為ナリト謂フヘカラス原判決ノ判示事実ニ拠レハ被告ハ大日本製糖株式会社ノ取締役トシテ会社ノ存立ニ関スル問題ニ接著シ其解決ノ為メ公務員ニ対スル贈賄行為ヲ遂行セントシ其手段ニ供スル目的ヲ以テ被告等ノ取締役名義ヲ以テ小切手ヲ振出シタリト云フニ帰スルヲ以テ被告等ノ行為ハ株主総会ノ議決ヲ執行シタル事実ニ非サルハ勿論右小切手振出ノ目的ハ贈賄ニ在リテ会社ノ営業上ノ必要ニ出テタルモノニ非サレハ被告等カ会社ノ目的タル営業ノ範囲ニ於テ取締役トシテ会社ノ人格ヲ代表シタル行為ニ非スシテ会社ノ代表資格ヲ冒シタルモノニ外ナラサレハ原判決ニ於テ被告等ノ所為ヲ以テ有価証券偽造罪トシテ刑法第百六十二条ヲ適用処断シタルハ相当ナリ」（大判明四五・七・四刑録一八・一〇〇九）。

この判決と反対の判例がその後間もなく出現した。次の判決は取締役が会社名義の虚偽文書を作成しても専ら会社のためにするときは偽造罪は成立しないとする。

【13】「株式会社ノ取締役カ会社名義ヲ以テ虚偽ノ文書ヲ作成スルニ当リ自己若クハ第三者ノ利益ノ為メニ擅ニ会社名義ヲ冒用シ虚偽ノ事項ヲ記載スルハ取締役ノ権限ニ属セサルモノニシテ恰モ取締役タル資格ナキ者カ犯セル場合ト異ナラサルヲ以テ文書偽造罪ヲ構成スヘシト雖モ自己若クハ第三者ノ為メニスルニアラスシテ専ラ会社ノ利益ヲ計ル為メ会社名義ノ文書ヲ作成スルハ取締役ノ権限ニ属スルヲ以テ仮令其内容カ虚偽ナリトスルモ個人カ自己ノ資格ニ於テ内容虚偽ノ文書ヲ作成シタルト等シク文書ノ作成名義ヲ偽ハリタルモノニアラサルカ故ニ右文書作成ノ所為ハ犯罪ヲ構成セサルモノナルコト論旨所掲当院判例ノ趣旨ニ照シ明瞭ナリトス原判決ニ依レハ被告介蔵ハ判示株式会社共同銀行ノ取締役ニシテ単独又ハ被告厚ト共ニ同銀行ノ支払担保タル証券ノ価格下落シ大蔵省ヨリ命セラレタル補塡ノ為メ被告介蔵等取締役ニ於テ同銀行ニ判示預金ヲ為シタル如ク又同銀行ヲ交換組合ニ加入セシムル為メ其営業成績ノ良好ヲ装フ目的ヲ以テ被告介蔵又ハ厚ヨリ同銀行ニ判示預金ヲ為シタル如ク何レモ同銀行名義ノ日記帳ニ虚偽ノ記載ヲ為シ之ヲ行使シタルモノニシテ何等自己若クハ第三者ノ利益ヲ計リタルモノニアラス専ラ同銀行ノ利益ノ為メニ為シタルモノナレハ該帳簿ニ判示ノ如ク記入シタルハ取締役ノ権限内ノ行為ナルコト明白ナルヲ以テ右記載ハ銀行名義ヲ偽リタル文書ニアラスシテ単ニ其内容カ虚偽ナルニ止マリ文書偽造罪ヲ構成スヘキモノニアラサルニ原判決カ右所為ニ対シ刑法第百五十九条第百六十一条第百五十九条第一項ヲ適用処罰シタルハ擬律錯誤ノ違法アルモノニシテ論旨ハ何レモ理由アリ」（大判大八・七・九刑録二五・八四六）。

この判決について、牧野博士は「法人の社会的作用を考へて見ると、法人は単に法律の許容したる範囲に於てのみ其の動作を為すといふが如きものではない。法律を離れて法人の動作がある。法律は、其の動作に規律を与へて、その或ものを是認し、その他のものを不法視するのである。かく観察して来ると、今次の判決の如きは、法人の本質をレアールな立場から見たものとして一つの著しい進歩を示したものと謂はねばならぬ」と批評し、更に、さきの判例【12】の如き場合は判例が一転せねばなるまいとしていられる（牧野・刑法研究三巻二八〇頁）。牧野博士はここでは法人も亦犯罪をなしうるものと認めているわけである（前掲二八二頁）。

さて、法人の目的による権利能力の制限は古くは学説においてしばしば犯罪無能力の理由として唱えられたところであるが、今日においては重要な役割を果していない。かつてフォイエルバッハは目的による制限をもつて犯罪無能力の理由としたが（Feuerbach, Lehrbuch des peinlichen Rechts, 12. Aufl. S. 36）、これに対してはサヴィニー自身が人格は犯罪をなすことによつて必ずしも消滅しないから、法人の犯罪無能力は犯罪が法人の目的に含まれないからではないと批判している（Savigny, System des heutigen römischen Rechts, Bd. II 1840 S. 36）。英米法でも権限踰越（ultra vires）の法理が法人の刑事無責任説に影響を及ぼしたことがあるが、今日ではこの法理は不法行為には適用がないとされている（Burdick. Law of Crime, vol. 1 P. 226; Fletcher, Cyclopedia Corporations, vol. 10 p. 685）。同様にフランス刑法においても法人の特殊性の原理（Principe de spécialité）は単に行政法にのみ関係するものであり、又、この原理は法人が法の定める道からはずれないように考案されたもので、この原則から逆に法人は悪をなす自由を有するとも結論しうるから犯罪能力否定の理由とはならないとするのが通説である（Donnedieu de Vabres, Traité de droit criminel et législation pénale comparée, p.149; Bouzat, Traité théorique et pratique de droit pénal p.177 et s.; Vouin, Manuel de droit criminel p.277）。

我国でもすでに古く鳩山博士は「違法ナル行為ヲ為スコトヲ目的トスル法人ノ設立ヲ認ムベカラズト雖モ、此ノコトト適法ナル目的ノ為メニ設立セラレタル法人カ其目的ヲ遂行スル行為ニ因リテ他人ノ権利ヲ侵害スルコトアルコトハ自ラ別個ノ問題ニ属ス。目的遂行ノ為メニ為シタル機関ノ行為ハ常ニ法人ノ行為ト為ルモノニシテ其適法ナルト違法ナルトニ因リテ差異ヲ認ムベキノ理ナシ」とされている(鳩山・増訂改版日本民法総論一四七頁)。

思うに、目的による制限は法人の機関の職務執行の範囲を決定するものではあるが、それは職務行為から不法行為を排除するものではない。何故なら、職務に関する行為であるか否かは法人の目的と機関の行為との関係の問題であるが、職務行為が適法か否かはこれとは別の法秩序全体の立場からの判断であるからである。両者は次元を異にする判断である。適法な行為でも目的の範囲外のものがあるように違法な行為でもこの目的に対しては相当な行為がありうる。刑法においてもこの点は異ならないと思う(八木・業務主体処罰規定の研究一〇七頁参照)。

なお、判決【1】に「法律ノ明文ヲ以テ特ニ犯罪ノ主体トシタル場合ニ非サレハ刑事上ノ責任ヲ負」わないとあるのは、立法によっては法人の犯罪能力を認めうるとの趣旨にも解されるが、しかし、判例は法人処罰規定につきこれらを法人の犯罪能力を認めた規定と解していないことは後に述べる如くである。

二　行為能力、責任能力及び刑罰能力の見地から

法人の犯罪能力の有無は法人の本質よりもむしろ刑法上の行為、責任及び刑罰の見地から論ぜられなければならない。この点で注目すべきは次の判決である。

事案は運輸会社の取締役社長が会社の利益のために積荷を詐取せんとして会社の名義で五箇不足との不足証明書下附願を提出したというのである。上告趣意はこの詐欺未遂罪をもつて会社の犯罪であ

ると主張したが、判決は法人の犯罪無能力を理由としてこれを拒否した。

【14】「我現行法ノ下ニ在テハ刑事責任ノ観念及自由刑ヲ主タル刑罰トスル点等ニ稽ヘ法人ノ犯罪能力ヲ否定シ法人ノ代表者カ法人ノ為罪ヲ犯シタル場合ハ法人ヲ処罰スヘキモノニ非スシテ該代表者ヲ処罰スヘキモノト解セサルヘカラス只法人ノ代表者其ノ他ノ従業員等カ法人ノ業務ニ関スル犯罪ニ付法人ニ責任ヲ負ハシムヘキ処罰規定存スルモ是レ行政的取締ヲ目的トスル刑罰規定ニシテ例外ノミ原判決ノ認定シタル事実ハ被告等ハ所論会社ノ取締役ニシテ同会社ノ損害塡補ノ目的ヲ以テ不足証明書ヲ騙取セントシタリト謂フニ在ルヲ以テ縦令其ノ目的ハ会社ノ利益ヲ計ル為ナリトスルモ詐欺罪ハ個人タル被告等ニ対シテ成立スルコト勿論ナリ」(大判昭八・六・二〇新聞三五八八・一六)。

この判決は刑事責任の観念及び自由刑を主とする刑罰体系から法人の犯罪能力を否定するが、これは我国の通説的見解となつている(例えば、泉二・増訂刑法大要八二頁、小野・新訂刑法講義総論九六頁、団藤・綱要総論八三頁等)。しかし、刑罰体系の問題は今日理論的にはあまり重要ではないと思われる。何故なら、法人に対しては自由刑は科し得ないが罰金刑は科しうるのであり、そして特別法には罰金刑の規定が多く、特に法人に対して直接罰金刑を適用する規定が激増しているからである。問題はむしろ刑罰の本質の理解に関することであり、これは結局現行刑法における刑事責任の本質の問題に帰著する。従つて、法人の犯罪能力は判決がいうように「刑事責任ノ観念」から考察されなければならない。

そこで「刑事責任ノ観念」とは何かが問題となるが、判例はこれについて特に理論を展開しているわけではない。いわゆる道義的責任論によれば責任非難は倫理的人格に対してのみなされるから、かような人格を有しない法人は責任の主体となりえないとされるが、判例も亦恐らくこのような立場に立つものと考えられる。他方、社会的責任論においても従来は自然人たる行為者の性格的危険性のみが考慮されており、従って、「刑法の主観主義は、要するに自然人たる犯人についての理論たるに止るもの」であった（牧野・重訂日本刑法上巻一一三頁）。しかし、社会的責任論の見地においては法人の刑事責任を肯定することがむしろ論理的ではないかと思う。何故なら、社会的統一体としての法人の社会的危険性は個人のそれに劣らず社会防衛の措置を必要とさせるからである。木村博士が最近法人の犯罪能力を肯定していられるのは（木村・刑法総論一四八頁以下、新刑法読本全訂新版一八二頁）、社会的責任論からの当然の結論と見るべきであろう。

ところで、刑事責任と道徳的責任とは同一に解せられてはならないと思う。法と道徳との区別を論ずる余裕はないが、結論的にいえば、両者の区別は法が社会生活の規範であり、法的関心は常に社会的なものであるのに対して、道徳は第一義的に個人の人格的完成にかかわる規範で、道徳的関心は常に個人的又は人格的である点にあると思う（J. Leclercq, Le fondement du droit et de la société, 4e od. p45 et s.）。もちろん、法的考察においても、人間が自由な主体であるという事実を無視することは許されないから、刑法上も自由な行為と自由でない行為とを区別すべきである。その点で因果的決定論に立つ従来の社会的責任論の妥当性は疑わしい。しかし、刑法の究極目的は社会防衛にあり、刑事責任は社会的責任であると解することは正当であると思う。もっとも、「社会」を単に物質的秩序としてではなく精神的秩序として理解する必要があるであろう。かような見地から社会的活動の主体たる法人に社会的責任、従って刑事責任を認めることが可能になるのではないかと思う。従来の責任理論からは法人に刑責を認めえないとした私見（政経論叢六巻一号一七三頁以下）もこの見地から考え直さねばならないと思う。

さて、次の判決は法人の犯罪能力を否定する理由を述べていないが、さきの判例と同じ見地に立つものと思われる。事案は証券会社の社長と営業部長が共謀の上株式授受の真意なくして客から株式の売買を受け、後日その時の価格で転売又は買戻の形式で手仕舞をし、その価格の高低に基づいて差金を授受し、以つて客数十名と千数百回に亘つて賭博をなしたというのである。上告趣意は本件取引は法律上会社の行為で被告人等個人の行為ではないと主張する。

【15】「現行法ノ下ニ於テハ法人ノ犯罪ヲ認ムルコトヲ許ササルヲ法理上ノ原則トスルノミナラス取引所法第三十二条ノ七ニ依レハ同法ノ罰則ハ法人ニ在リテハ同法違反ノ行為ヲ為シタル理事取締役等ニ之ヲ適用スヘキモノナルコト疑ヲ容レス然ルニ元来取引所ニ依ラスシテ取引所ノ相場ニ依リ差金ノ授受ヲ目的トスル行為ハ同法第三十二条ノ五本文ニ該当スル賭博罪タルノ性質ヲ有シ唯其ノ常習ナル場合ニ於テ同条但書ニ依リ刑法第百八十六条ニ照シテ処断セラルルニ外ナラサルカ故ニ判示被告人等ノ常習賭博ニ付テモ法人ヲ処罰スヘキモノニ非スシテ当該行為者タル理事等ヲ刑法ニ依テ処罰スルノ法意歴然タリト云ハサルヘカラス」（大判昭九・一一・二二刑集一三・一五四一）。

次の判決は法人の犯罪能力について詳細な説明を行い、更に責任の問題のみに止らず法人の行為能力の問題をも提示する点において重要な判例である。公訴事実は被告会社が主務大臣の免許を受けずに貯蓄銀行業を営んだということで、原判決は「法人ニ在リテハ自然人ニ於ケルカ如キ法人固有ノ行為ナキハ勿論法人ノ行為ヲ以テ目スヘキ其ノ代表者ノ行為ニ付テモ法人ヲ処罰スルニハ特ニ明治三十三年法律第五十二号ノ如キ規定存スル場合ニ限ルヘキニ貯蓄銀行法第十八条ニ該当スル犯罪ニ付テハ斯ル規定存セス従テ本件公訴事実ハ結局被告会社ニ付罪ト為ラス」として無罪を言渡した。検事はこれを違法として上告したが、大審院はこれを斥けた。

【16】「仍テ上告趣意書ニ就テ之ヲ審案スルニ第一法人カ一定ノ業務ノ主体タルコトヲ得ルハ現行法令ノ解釈上何等疑問ノ存セサル所ナリト雖モ法人ノ代表者其ノ他ノ従業者カ法人ノ業務ニ関シ犯則行為ヲ為シタル場合ニ於テ法人ヲ以テ右反則行為ノ主体ナリト為シ当然之ニ対シテ刑罰制裁ヲ科スルコトヲ得ルヤ否ヤハ別個ノ問題ニシテ我現行刑罰制裁法令ノ解釈トシテハ本問ヲ否定スルヲ通説トシ本院判例亦此ノ通説ニ一致スル所ナリ而シテ本件ニ付所論ノ事実関係アリトセハ被告会社ヲ以テ所論業務ノ主体ナリト認ムルニ足レリト雖モ之カ為当然ニ同会社ニ刑事責任アリト断定スルハ失当タルヲ免レサルモノトス第二法人ニ犯罪行為能力アリヤ否ニ付テハ所論ノ如ク見解ノ一致セサルトコロナリト雖モ我現行法ノ解釈トシテハ之ヲ否定スヘク若シ法人ノ機関タル自然人カ法人ノ名儀ニ於テ犯罪行為ヲ為ス場合ニ於テハ其ノ自然人ヲ処罰スルヲ以テ正当ト為スヘキコト夙ニ本院判例ノ宣明スル所ナリ蓋シ我現行刑法カ自然意思ヲ有スル責任能力者ノミヲ以テ刑罰ヲ科セラルヘキ行為ノ主体ナリト認ムルハ同法第三十八条乃至第四十一条ノ規定ニ徴スルモ疑ヲ容レサルノミナラス明治三十三年法律第五十二号其ノ他特別法令ノ罰則中法人ヲ処罰スル規定ニ在リテモ最モ多クハ法人自体ノ犯則行為ヲ認メス従業者ノ犯則行為ニ付テ罰則ヲ法人ニ適用スヘキ趣旨ヲ明示スルニ依リテ之ヲ考察スルモ我現行刑事制裁法令ノ大系ハ法人ノ犯罪行為能力ヲ否定スルモノナルコトヲ知ルニ難カラサルカ故ニ叙上本院判例ノ趣旨ハ特ニ明白ナル根拠ノ存スルニ非サレハ反対ノ解釈ヲ容ルルモノニ非ス而シテ貯蓄銀行法第十八条ノ規定ハ明治三十三年法律第七十三号貯蓄銀行条例第九条ノ規定ニ対応スルモノニシテ法人ヲ処罰セサルコトヲ明カニセサル点ニ於テ後者ト異ナル所アリト雖モ其ノ法文自体ニ依リテ毫モ法人ノ犯罪行為能力ヲ認ムル趣旨ヲ明カニセサルノミナラス其ノ他ノ規定ニ於テモ此趣旨ヲ啓示スルモノト認ムルニ足ルヘキ所ナキカ故ニ同条ノ規定ハ刑法第八条本文ニ依リ刑法総則ノ精神ニ従テ之ヲ解釈スルヲ当然ナリトス乃チ同条ノ規定ハ自己ノ為ニスルト他人ノ為ニスルトヲ問ハス免許ヲ受ケスシテ貯蓄銀行業ヲ営ム事実行為者ヲ処罰スルモノニシテ法人ノ犯罪能力ヲ認メ之ヲ処罰スルノ趣旨ヲ含蓄スルモノニ非スト解スヘキモノナリトス加之一定ノ業務ニ関シ事犯アリタル場合ニ於テ其ノ業務者ヲ処罰スルト代表者其ノ他ノ従業者ヲ事実行為者トシテ処罰スルト何レカ取締上最モ有

効ナルカニ付テハ見解ノ岐ルル所ニシテ我現行ノ業務取締法令ノ罰則カ此点ニ関シ統一ヲ欠ケルモ亦全ク之カ為ニ外ナラス而シテ刑罰ハ之ヲ犯罪行為者ニ対シテ科スヘク其ノ他ニ及ホスコト無キハ刑法上ノ根本原則ナルカ故ニ之カ例外ヲ認ムルニ付テハ解釈上明白ナル根拠無カルヘカラス彼ノ保険業法カ其ノ第九十七条ニ於テ貯蓄銀行法第十八条ト同様ナル規定ヲ設ケタルニ拘ラス尚後ノ改正法律ヲ以テ第百条ノ二ヲ新設シテ明治三十三年法律第五十二号ヲ準用スルニ至レルカ如キ又以テ其ノ用意ノ存スル所ヲ窺知スルニ足ルヘシ然ルニ貯蓄銀行法ニ在リテハ第十八条ニ於テ刑罰規定ヲ存スルニ止リ而モ同条ノ規定ニ依リテハ事実行為者ヲ罰スルコトヲ得ルニ過キサルコト前点ニ説明シタルカ如クニシテ別ニ事実行為者以外ノ者ヲ処罰スヘキ特別規定タルノ趣旨ヲ窺フニ足ルヘキモノナキカ故ニ之カ解釈上叙上根本原則ノ例外ヲ認ムルニ適セサルモノトス若シ夫レ同条ノ制裁カ罰金刑ノミニ限ラルルコトハ旧法ト異ナル所ナキカ故ニ反対解釈ニ資スルニ足ラサルコト明白ナリ」（大判昭一〇・一一・二五刑集一四・一二二七）。

この判決は法人の「犯罪行為能力」を否定している。判決が刑法上の行為と責任を明確に区別して行為能力を否定するものか或いは単に責任の主体たりえないとするものか必ずしも明確ではないが、前者と解して差支えないと思う。ちなみに、ドイツのライヒ裁判所は法人については責任能力を問うまでもなくすでに行為能力が存在しないとしていたが、戦後の連邦裁判所は法人は刑罰法規の外部的構成要件を実現しうるが特別の規定がなければ処罰されないとして行為能力を認めている（BGH 3.131 Maurach, Deutsches Strafrecht, Allg. Teil 2. Aufl. S. 124）。

ところで、法人は直接に自然人のような身体的行為をなしえないことはいうまでもない。法人の行為能力の問題は、法人の機関たる自然人がその職務に関して為した行為を法人の行為として法人に帰属せしめることが刑法上可能か否かということである。法人と機関とのかような帰属は民商法、行政法等において一般に認められ、そして法人の行為なるものが認められることから法人の不法行為能力も亦通説的に認められている。のみならず、法人と機関とのこの種の帰属関係いわゆる代表関係はすでに前法律的に社会生活上の観念において認められているのではないかと思う。

ところが刑法においてはこれを否定するのが通説である。その理由について、滝川博士は、「法人の行為は実は機関の行為であつて、機関の行為即ち法人の行為と見てよいし、斯う見るのが通常である。このことは民法の領域においては妥当するが、刑法の領域においては適当でない。刑法と民法とが目的を異にする以上、異なる評価に服すべきは当然である。刑法においては自然人の行為のみが評価の対象となる」としていられる（滝川・犯罪論序説二六頁）。しかし、刑法の目的は社会生活の基本的秩序を防衛することにあり、そして法人は社会生活上自然人と並ぶ法主体であり秩序遵守の義務を負うものである以上、法人の法規違反に刑法を適用することは不合理ではないと思う。福田教授は法人の行為能力を否定されるが、その理由は倫理的主体性を有しない法人は刑事責任を負担しえないから、刑法上機関たる自然人の犯罪行為を法人に帰責することはできないというにある（福田「行政刑法」法律学全集四二・七二頁）。しかし、刑事責任は倫理的責任と同一ではないし、又、責任の否定が行為能力否定の直接的根拠とされている点も疑問である。教授は行為は前法律的存在であり法人と機関との行為の帰属は法律上の構成であるといわれるが（前掲、七〇、七一頁）、この帰属はむしろ前法律的な社会的通念に基づくものではないかと思う。従つて、刑法上も法人の行為を認めるべきであろう（八木・前掲一〇四頁以下）。

さて、次の判決は、玩具販売輸出会社の使用人で輸出業務を担当する被告人が検査を経ない玩具を会社営業のため輸出せんとしたという事案に関し、重要輸出品取締規則の「営利ノ目的ヲ以テ輸出シタル者」とは営業主体たる法人でなければならぬとの弁護人の主張を退け、行為者たる被告人を有罪としたものである。

【17】「重要輸出品取締規則ニ依レハ長又ハ直径四吋ヲ超ユルセルロイド製玩具其ノ他同規則第一条ニ所謂重要輸出品ハ地方長官ノ認可ヲ受クル場合ノ外商工大臣ノ定ムル標準ニ依リテ行フ検査ニ合格シタルモノニ非サレハ営利ノ目的ヲ以テ之ヲ輸出スルコトヲ得ス之ニ違反シタル者ハ百円以下ノ罰金ニ処シ又其ノ未遂罪モ之ヲ罰スヘキモノトス而シテ叙上重要輸出品ノ輸出行為ハ法人ニ非サル者ノミナラス法人モ為シ得ヘキモノナルコトハ言ヲ俟タサルトコロニシテ而モ法人カ右ノ規則ニ違反シタル場合ハ何人ヲ処罰スヘキヤハ同規則ニ毫モ定ムルトコロナシ思フニ法人ハ原則トシテ犯罪能力ナキモノナルヲ以テ特ニ法人ヲ処罰スル旨ノ規定ナキ以上事実行為者ヲ処罰スヘキモノト解スルヲ妥当トス本件ニ於テ原審ノ確定シタル事実ニ依レハ被告人ハ東京市浅草区浅草橋三丁目四番地玩具販売並ニ輸出商合名会社加藤栄商店ノ使用人ニシテ輸出ニ関スル事務ヲ担当シ居ルモノナルトコロ昭和十年四月二十七日長又ハ直径四吋ヲ超ユルセルロイド製玩具ヲ営利ノ目的ヲ以テ輸出スルニハ成規ノ検査ヲ受クルコトヲ要スルコトヲ知リナカラ商工大臣ノ認可ヲ受ケタル工業組合ノ検査ヲ経サル長サ約七、八吋ナルセルロイド製玩具百三十四打ヲ同会社営業ノ為「マニラ」所在ノ高橋商店ノ注文ニ応シ横浜港ヨリ「マニラ」ニ向ケ輸出スル目的ヲ以テ情ヲ知ラサル丸三運搬合資会社ヲシテ横浜税関構内ニ搬入セシメ以テ輸出セントシタルモ同税関係員ニ発見セラレ其ノ目的ヲ遂ケサリシモノナリト謂フニアリテ被告人ハ合名会社加藤栄商店ノ使用人ナリト雖主トシテ輸出ニ関スル事務ヲ担当シ既玩具ノ輸出事務ニ関スル限リ右会社ノ為ニ一切之ヲ担当シ居リタル者ナルコトヲ推認スルニ余リアリ而モ本件セルロイド製玩具百三十四打ハ「マニラ」所在ノ高橋商店ノ注文ニ応シ横浜港ヨリ「マニラ」ニ向ケ輸出セント為シタル行為ナルヲ以テ営利ノ目的ヲ有スルモノナルコトハ論ヲ俟タス果シテ然ラハ本件行為ニ付テハ被告人ハ行為者トシテ其ノ責ニ任スヘキハ当然ナリト謂ハサルヘカラス」（大判昭一一・二・二二刑集一五・一四九）。

同様に、次の判決は被告人等が合資会社を設立し、会社の名をもって主務大臣の免許を受けずに貯蓄銀行業を営んだ事実につき会社の有限責任社員又は使用人たる被告人等を有罪としたものである。

【18】「貯蓄銀行法ハ貯蓄銀行ヲ対象トシテ規定シタルモノナルコト勿論ナリト雖主務大臣ノ免許ヲ受ケスシテ事実上同法第一条掲記ノ如キ業務ヲ営ミタル者ニ付テハ個人タルト否トヲ問ハス其ノ適用アルコト同法ノ解釈上疑ナキ所ナリ蓋同法ハ貯蓄銀行ノ取締監督ノ為設ケタルモノナルト同時ニ不正業務ヲ営ム者ヲ防遏センカ為設ケタルモノナレハナリ」（大判昭一一・一二・二五刑集一五・一五二六）。

上記三つの判決について、美濃部博士は行政犯における法人の犯罪能力を肯定する見地からこれらの場合に法人を処罰すべきであるとされ、他方、「貯蓄銀行ヲ営ミタル者」とか「重要輸出品ヲ輸出シタル者」とは営業の主体であり輸出行為の主体でなければならないから、主体たる身分を有しない会社の使用人を処罰するのは明白に法律の規定に抵触するとしていられる（美濃部・行政刑法概論八〇頁以下）。

法人の犯罪能力の否定は直ちに事実行為者の処罰に結びつくものではない。両者は一応別の問題である。従業者が処罰されるか否かは構成要件上犯罪の主体にこれらが含まれているか否かによる。そして上記の案件においてはこのことは必ずしも明瞭でない。言葉の通常の意味においては業務主のみが犯罪の主体と解されるが、判決は目的論的解釈の見地から拡張解釈を試みているようである。

法人の行為能力を否定する判例として更に次の如きものがある。事案は織物製造販売株式会社の代表取締役が法定の除外事由がないのにスフ織物を超過価格で販売したもので、弁護人の上告趣意は法人実在説の見地から法人の犯罪能力を肯定すべきであり、かつ、法人のためにする機関の行為は専ら法人の行為としてのみ存在するというものである。

【19】「法律第九十二号(輸出入品等ニ関スル臨時措置ニ関スル法律) 第五条ニ所謂「違反シタル者」トハ違反行為者即犯罪ノ主体タル者ト云フ意味ニ外ナラサルカ故ニ犯罪行為能力者タル自然人ヲ指称シ法人ヲ包含セサルモノト解スルヲ正当トス蓋シ我法制ニ於テ犯罪ノ主体タルモノハ自然人ノミニシテ法人ハ犯罪能力ヲ有セサルコトヲ以テ原則トス」(大判昭一五・九・二一新聞四六二九・三)。

三　肯定的口吻を示す判例

高裁判例の中に法人の犯罪能力の肯定を前提としているものが二つある。その一は、旧入場税法一七条の三の両罰規定により自然人たる業務主が処罰された事件であるが、判決は事業主たる法人又は人の責任は従業者をして入場税に関し違反行為なからしむべき注意監督義務の違反という不作為犯によるものであるとする。

【20】「(入場税) 法第十七条ノ三の法人又は人は事業の経営で唯一の納税義務者であるから自己の従業者等が不正行為によつて自己の負担する入場税を逋脱しないよう、其等の者を十分に注意監督すべき法律上の義務あるものと解せられる。此の事は民法第七百十五条の精神からも正に首肯し得べきことなのである。従つて事業の経営者である法人又は人が、自己の従業者等の違反行為に対して処罰を受けるゆえんのものは、とりも直さず自己が負担したる右法律上の義務違反に対して科せられる不作為による犯罪であつて一種の責任罰と解し得るのである」(福岡高判昭二六・九・一二刑集四・九・一一五八)。

この判決は法人の犯罪能力を直接に肯定したものではない。しかし、これを前提として論じている点において注目すべきものと思う。

同様な判決の二は中型機船底曳網漁業取締規則第三一条の両罰規定に関する。この判決は両罰規定の事業者たる人の責任につき過失推定説を採用した最判昭三三・二・七刑集一二・二・一一七の「原判決」であつて、従つて、独立の判例として掲げるのは適当でないかも知れないが、その理論構成に特殊なものが見うけられるので掲げておく。

【21】「法人の代表者、法人若しくは人の代理人、使用人、その他の従業者が、その法人若しくは人の業務又は財産に関してなす行為は、通常、法人若しくは人の意思に基いて、法人若しくは人のためになされ、その法律上の効果も法人若しくは人に帰属するのであるから、代表者従業者等のなす行為は、法人若しくは人の業務又は財産に関する限り、（主観的、客観的にみて、以下同じ）法人若しくは人その者の行為として理解されるのである。されば、法人の代表者、法人若しくは人の従業者等が、法人若しくは人の業務又は財産に関してなした犯罪行為は、一面において行為者その人の犯行であると共に、他面においては、その事業主である法人若しくは人その者の犯行である。詳言すると代表者従業者等が、「法人若しくは人の業務又は財産に関し」犯罪構成要件に該当する有責違法な行為をなすときは、それは直ちにその法人若しくは人が同一の行為をなしたことに帰着するのであつて、ただ現行刑法上、その法人若しくは人を処罰するためには特に明文を必要とし、いわゆる両罰規定はその趣旨に出でた規定に外ならないのである。即ち、いわゆる両罰規定は決して他人の行為に対する責任ではなく、又故意過失の有無を問わず処罰することを定めたものでもないから、刑法総則の規定となんら矛盾するところはないのである」（福岡高宮崎支判昭二八・七・八最刑集一二・二・一一七）。

この判決は法人の代表者法人又は人の代理人、使用人その他の従業者の業務に関する行為は刑法上直ちに法人又は人の行為となるとしている。社会的観念からはそのような帰属関係は代表者と法人との関係においてのみ考えられるのではないかと考えられる。かような無差別の帰属は刑法上許されない擬制であろう。その意味でこの判決の理論は妥当性を欠くが、法人の犯罪能力肯定という点で注目される。

ところで、最高裁判所は昭三二・一一・二七刑集一一・一二・三一一三の大法廷判決以来両罰規定の自然人たる業務主の責任については過失責任説を採ることとなつた。従つて、同一規定の同一の責任である法人の刑事責任については依然として他人の行為による無過失責任とする態度を維持することは困難ではないかと思う。最高裁も近い将来において法人の犯罪能力の肯定へと踏み切るのではないかと予想される。

四　人格なき団体の犯罪能力

民法上の組合又は法人格なき社団の犯罪能力につきこれを否定する次の如き判例がある。事案は被告人四名は民法上の組合を組織し製薬業を営んでいたところその一人たる業務担当者が業務に関し違反行為をしたもので、判決は共同経営者たる組合員各自を処罰すべきものとする。

【22】「原判決カ証拠ニ基キ確定シタル事実ニ依レハ被告人金子三郎高橋武勇山崎卓蔵山際競ノ四名ハ製薬業ヲ共同経営スルコトヲ本質的内容ト為ス組合ヲ組織シ協和化学研究所ナル名称ノ下ニ横浜市鶴見区鶴見町千三百五十二番地ニ工場ヲ設ケ被告人高井善雄ヲ其ノ仕入係トシテ使用シ原料ノ購入等ニ関スル業務上一切ノ仕事ヲ担当セシメ居タルモノナルトコロ被告人高井善雄ハ該組合ノ業務ニ関シ判旨違反行為ニ及ヒタルモノナリト云フニ在ルヲ以テ原判決カ其ノ直接違反行為者タル被告人高井善雄ヲ処罰シタルノ外該共同事業経営主タル組合員各自即チ被告人金子三郎高橋武勇山崎卓蔵山際競ノ四名ヲ孰レモ処罰シタルコトハ国家総動員法第四十八条ノ解釈適用上洵ニ至当必然的措置ナリト云フヘク毫モ異トスルニ足ラサルナリ蓋シ同条ニ依レハ法人ノ代表者又ハ法人若クハ人ノ代理人使用人其ノ他ノ従業者其ノ法人又ハ人ノ業務ニ関シ云々ノ違反行為ヲ為シタルトキハ行為者ヲ罰スルノ外其ノ法人又ハ人ニ対シ各本条ノ罰金刑又ハ科料刑ヲ科スヘキ旨規定シ故意過失ノ有無ヲ問フコトナク其ノ処罰ヲ事業主ニ迄及ホシ而モ之ヲ単ナル一個人ノ場合ニ限定セサルカ故ナリ若シ夫レ所

論ノ如ク同条所定ノ事業主タル人ヲ単ナル一個人ニ局限シ団体ヲ組織セル多数人ナル場合其ノ各構成員個人ニ及ハサルモノナリトセハ各個人ハ翕然トシテ玆ニ集合体タル団体ヲ形成シ同条ノ適用外ニ樹チテ幾多ノ集積的財力ヲ利用シ公然巨額ノ価格違反取引ヲ敢行シ以テ膨大ナル物資ヲ動員集中スルニ至ルヘキハ甚タ炳焉タルニ過キ而モ其ノ刑事上ノ責任ハ挙ケテ之ヲ一使用人若ハ従業者ニ帰セシムルノ外ナキ結果トナリ経済統制ヲ乱ルノ弊是レヨリ甚シキハナク斯クテハ遂ニ法ノ企図セル目的ハ全ク没却セラレ国家政策ノ遂行ハ破綻ニ瀕スヘキコト固ヨリ必然ノ数ナリト云フヘク到底認容セラルヘキノ論ニ非サルナリ然リ而シテ又判示組合ハ共同ノ事業ヲ営ムコトヲ目的ト為ス団体ニシテ之ヲ構成スル各人ト切離シタル独立ノ人格ヲ具有スル法人ニ非サルヲ以テ仮令所論ノ如ク経済上一個ノ企業単位ヲ形成スル組織形態ナリトスルモ同条ノ適用上人トシテ組合自体ニ刑事上ノ責任ヲ負担セシメ之ヲ処罰スルコトヲ得サルヤ蓋シ当然ナリ是レ本院判例（昭和十年（れ）第一二八六号同年十一月二十五日宣告）ニ於テ法人ニ就テスラ特ニ明文ヲ以テ規定スル場合ノ外原則トシテ其ノ犯罪能力ヲ否定シ之ヲ処罰セサルコトヲ現行法上ノ解釈ト為スカ故ニ況ヤ民法上ノ組合又ハ法人格ヲ有セサル社団ノ如キニ犯罪主体トシテ刑事責任ヲ負担セシムヘキニ非サルコトハ敢テ精詳ナル詮議ヲ遂クル迄モナク当然ノ結論ト云フヘキヲ以テナリ従ツテ被告人等各自ヲ処罰シタルコト正当ニシテ原審ニ審理不尽理由不備等所論ノ違法秋毫モ存在セス論旨理由ナシ」（大判昭一八・三・二九刑集二二・六一）。

法人格なき社団の犯罪能力を否定することは判例の従来の立場からいえば当然のことである。しかし、法人の犯罪能力についての従来の考え方が反省され、法人はその社会生活上有する固有の活動の故に犯罪の主体となりうると解されるべきであるとするならば、人格なき社団も亦社会生活上独自の存在と活動を有する限り犯罪能力ありとせねばならないであろう。法律技術的に権利義務の主体とされているか否かはここでは重要でない。組合は人格なき社団と区別せられているがこれも社団と極めて類似したものもあるのであり、結局、法人、人格なき社団、組合は実質的には刑法においてこれを区別する必要はないのではないかと思われる。かような見地から八木博士は法人格なき社団及び組合についてもその犯罪能力と刑事責任とを肯定していられる（八木・前掲二六五頁以下）。なお、昭和二三年の事業者団体法、取引高税法、政治資金規正法以来人格なき社団をも処罰する規定が設けられつつあることは注目に価する。

前記判決が組合員各自に罰金刑を科している点については後に触れることとする。

三　法人の刑事責任

一　法人の刑事責任の本質

法人は犯罪能力を有しないから原則として刑法の適用を受けないとされている。しかし、行政法規の罰則の中には法人の代表者又は従業者が法人の業務に関して違反行為をした場合には法人自体を処罰するとする規定が多数存在する。かような規定として最も古いものは明治三三年法律五二号「法人ニ於テ租税（及葉煙草専売）ニ関シ事犯アリタル場合ニ関スル件」である。その第一条は「法人ノ代表者又ハ其ノ雇人其ノ他ノ従業者法人ノ業務ニ関シ租税（及葉煙草専売）ニ関スル法規ヲ犯シタル場合ニ於テハ各法規ニ規定シタル罰則ヲ法人ニ適用ス但シ其ノ罰則ニ於テ罰金科料以外ノ刑ニ処スヘキコトヲ規定シタルトキハ法人ヲ三百円以下ノ罰金ニ処ス」とする。この規定は各種の行政法規の罰則に準用され、広くその適用を見た。この規定の外各法規で独立に類似の規定を設けている場合もある。

これらの法人処罰規定の本質について明治四一年一一月七日の法曹会決議は罪を犯した者は従業者で罰を受ける者は法人であるとし、本人の不注意を責任負担の要件とするものではないとして、次の如く述べている。

【23】「明治三十三年法律第五十二号同年法律第五十九号及其他ノ法規中法人ノ処罰ニ関スル規定ハ特ニ法人ノ犯罪能力ヲ認メタルモノナリヤ将タ雇人等ノ犯罪行為ニ付キテ其刑事責任ノミヲ法人ニ科スル例外的規定ナルヤ学者ニ依リ見解ヲ異ニスト雖モ此等ノ規定ノ文例ニ依レハ法人ノ業務ニ関シ其代表者雇人其他ノ従業者該法令ノ罪ヲ犯シタル時ハ其罰則ヲ法人ニ適用スルモノナルカ故ニ罪ヲ犯シタル者ハ従業者ニシテ罪ヲ受クル者ハ法人タルコト明カナルノミナラス此等ノ法規ノ制定当時ニ於テ本邦ノ学者及立法者ノ採用シタル法人擬制説ヨリ観察スル時ハ此等ノ規定ニ依リ法人ニ罪ヲ犯スノ能力アルコトヲ認メタリト推断スルノ不当ナルハ益々明白ナリ要之此等ノ規定ハ取締ノ目的ヲ達スル為メ従業者等ノ犯則行為アル場合ハ其刑ヲ法人ニ科スルニ過キサルモノトス以上ノ説明ニ依レハ法人カ其業務ニ関シ従業者等ノ行為ニ付責任ヲ負フヘキ場合アルハ明カニシテ此ヲ規定スル法令ハ前掲二法条ノ外屠殺法鉄道船舶郵便法漁業法畜牛結核予防法煙草専売法飲食物防腐取締規則等ヲ初メトシ其他玆ニ列挙スル遑ナシ而シテ以上ノ法令ハ取締ノ目的ヲ貫徹スルニ急ニシテ民法第七百十五条ニ於ケルカ如ク本人ノ不注意ヲ以テ責任負担ノ一要件ト為スコトナク絶対的ノ規定ヲ設ケタルカ故ニ従業者等ノ選任及監督上ニ於ケル不注意ノ有無ハ何等ノ関係ナキモノトス」（法曹会明四一・一一・七決議、特別法判例総覧刑事編下一四三五）。

このようないわゆる転嫁責任説は学説においてもしばしば唱えられている。例えば、泉二博士は「法人の処罰は之を他人の行為に因る刑罰制裁の一なり」とされ（泉二・日本刑法論総論二八四頁）、滝川博士は「法人の代表者等の行為が直接業務に関して行われた限り、他人が他人――自然人たる法人の代表者等――の犯罪につき刑事責任を引受けることに帰著する」としていられる（滝川・前掲二七頁）。判例の見地もこれと同様である。前章に掲げた法人の犯罪能力を否定する判決はこれにつき次の如く述べている。

【24】「明治三十三年法律第五十二号其ノ他特別法令ノ罰則中法人ヲ処罰スル規定ニ在リテモ最モ多クハ法人自体ノ犯則行為ヲ認メス従業者ノ犯則行為ニ付テ罰則ヲ法人ニ適用スヘキ趣旨ヲ明示スルニ依リテ之ヲ考察スルモ我現行刑事制裁法令ノ大系ハ法人ノ犯罪能力ヲ否定スルモノナルコトヲ知ルニ難カラサルカ故ニ」（大判昭一〇・一一・二五刑集一四・一二一七）。

次の判決は法人の刑事責任は従業者に対する選任監督上の不注意に帰すべきものではないとする。事案は法人たる組合の従業員の自動車取締令違反に関するもので、原審が従業員の選任監督に必要な注意を欠いていないとして無罪を言渡したのを違法として破棄したものである。

【25】「自動車取締令ハ其ノ第三十二条第一項ニ於テ「法人ノ代表者其ノ他ノ従業者法人ノ業務ニ関シ本令又ハ本令ニ基キ発シタル命令ニ違反シタルトキハ其ノ罰則ヲ法人ニ適用スト規定スルヲ以テ法人ノ従業者タル自動車運転手カ法人ノ業務ニ関シ同令ニ違反シタルカ如キ場合ハ其ノ罰則ヲ直ニ法人ニ適用スヘク法人カ其ノ選任監督ニ付相当ノ注意ヲ為シタル場合ナルト否トヲ問ハサルコト該規定ノ明文上明白ナルノミナラス同取締令ニ於テ法人処罰ニ関スル右ノ規定ヲ設ケタル所以ノモノハ取締上ノ必要及其ノ業務ノ性質ニ鑑ミ法人ノ代表者其ノ他ノ従業者ノ違反行為ニ付テハ違反者其ノ者ヲ処罰スルヨリハ業務ノ主体タル法人其ノ者ヲ責任者トシテ処罰スルヲ至当ト認メタルニ因ルモノニシテ必スシモ其ノ選任監督ニ対スル注意ノ欠缺ヲ理由トシテ法人ヲ処罰スヘキモノト為シタルニ非サルヲ以テ仮令法人カ従業者ノ選任監督ニ付相当ノ注意ヲ怠ラサリシトキト雖モ尚其ノ違反行為ニ付処罰ヲ免レストスルノ趣旨ナルコト毫モ疑ヲ容レス本件ニ於テ原判決ノ証拠ニ依リ認定シタル事実ニ依レハ法人タル被告組合ノ従業者ナル乙種自動車運転手新居某ハ組合ノ業務ニ関シ大正十二年七

月二十一日指定自動車外ナル徳第百一号自動車即チ甲種免許証ヲ有スル自動車運転手ニ非サレハ運転スルヲ得サル自動車ヲ徳島県那賀郡中野島村大字南島ヨリ同県海部郡川東村大字大里ニ至ル間往復操縦シテ之ヲ運転シタルモノニシテ同人ノ所為ハ自動車取締令第十五条第二項ニ違反シ同第二十八条ノ罰則ニ触ルルコト明白ナルヲ以テ同第三十二条第一項ノ規定ニ従ヒ右罰則ヲ法人タル被告組合ニ適用シテ組合ヲ処罰スヘキ場合ナルコト言ヲ俟タス然レハ原判決カ叙上事実ヲ認メナカラ組合カ従業者ナル前示新居某ノ選任監督ニ付必要ナル注意ヲ欠キタルニ非サルヲ以テ同取締令第三十二条第一項ヲ適用スヘキ限ニ非ストシテ無罪ノ言渡ヲ為シタルハ不法ニシテ論旨理由アリ原判決ハ破毀ヲ免レス」（大判大一三・四・一刑集三・二七六）。

同じく自動車取締令の転嫁罰規定につき次の判決がある。事案は乗合自動車の運転を業務とする株式会社が無免許の者を使用して運転をなさしめたというのであつて、判決は会社は転嫁罰規定により直接にその違反行為に対する処罰を受くべきものとする。

【26】「（自動車取締）令第三十二条ニハ法人ノ代表者其ノ他ノ従業者法人ノ業務ニ関シ本令又ハ本令ニ基キテ発スル命令ニ違反シタルトキハ其ノ罰則ヲ法人ニ適用ストアリテ法人ヲ処罰スルニハ其ノ代表者又ハ従業者カ免許ナクシテ自動車ヲ運転シタルコトヲ必要トシ法人自ラ叙上ノ行為ヲ為スコトヲ要スルモノニ非サルヲ以テ自動車ノ運転ヲ営業トスル法人カ無免許者ヲ従業者トシテ使用シ其ノ経営ニ係ル自動車ノ運転ヲ為サシメタルトキハ同条ニ依リテ直接ニ右罰条ヲ法人ニ適用スヘク法人ニ対シテ所論ノ如ク其ノ従業者ニ対スル犯罪ノ教唆ヲ以テ論スヘキモノニ非ス」（大判大一二・一・二六刑集二・二三）。

法人処罰規定の新しい類型は両罰規定であるが、両罰規定は行為者たる個人をも処罰することを明示しているので、法人が個人に代つて刑事責任を負うという従来の説明は適当でないことになつた。そこで、判例は業務主たる法人又は人は従業員と同一罪責の下に処罰せられるものであるとか、業務主の故意・過失を問わず刑責を負わしめる趣旨であると説明している。しかし、いずれにしても法人が他人の行為のために無過失的に刑責を負わせられるとする点において転嫁責任説と本質的に同一である。判例は最近までこの種の業務主責任につき自然人と法人とを区別せずに取扱っているので、両者をまとめて業務主責任の本質の章で詳しく検討することとしよう。

ところで、他人の行為により無過失的に刑責を負担するということは刑法の責任主義の原則に矛盾する。のみならず、犯罪能力のない、従って、刑事責任の主体たりえない法人に刑事責任を認めるという点においても判例は矛盾を含んでいる。かような矛盾を回避するためには理論的に二つの方法が考えられる。すなわち一つは最近の有力説のように法人の犯罪能力を認めることであり、他は法人処罰の刑罰的性質を否定してこれを行政処分又は保安処分と解することである。

一つの大審院判例はこの後者の道を選んだ。この判決は織物製造販売株式会社の代表取締役がスフ織物を超過価格で販売した事実につき輸出入品等臨時措置法の両罰規定を適用したものである。上告趣意は法人実在説の見地から法人の機関の行為と代理人・使用人の行為とを区別し、機関の行為は法人の行為としてのみ存するから両罰は不当とするものである。判決は前掲判例【19】の後に続けて次の如く述べている。

【27】「我法制ニ於テ犯罪ノ主体タルモノハ自然人ノミニシテ法人ハ犯罪能力ヲ有セサルコトヲ以テ原則トスル事ハ夙ニ本院判例（本院明治三十六年（れ）第一三二〇号同年七月三日宣告同昭和五年（れ）第六六三号同年六月二十五日判決参照）ノ説示スルトコロニシテ時ニ法令中法人処罰ノ規定存スルコトアリト雖其ノ処罰ハ法人ノ犯罪能力ヲ認メタル為ニ非スシテ法人ト犯罪行為ヲ為シタル自然人トカ法定ノ特殊関係ニ立ツ場合ニ

限り行政処分若ハ保安処分ノ意味ニ於テ法人ニ其ノ制裁ヲ及スト云フニ過キサレハナリ従ツテ同法律第七条ニ於ケル所謂「法人」又ハ「人」モ之等ヲ犯罪行為者殊ニ「法人」ニ対シテハ犯罪行為能力者トシテ処罰スルニ非スシテ只違反行為者（犯罪行為者）トノ間ニ同条所定ノ特殊関係アルノ故ヲ以テ之ニ制裁ヲ及ス旨ノ所謂「法人」又ハ「人」ノミニ対スル特別処罰規定ナリト解スヘク所論法人ノ代表取締役等カ法人ノ機関トシテ為シタル犯罪ニ関スル罰則ニ非サルヤ勿論ナリ」（大判昭一五・九・二一新聞四六二九・三）。

この見解は判例・通説の矛盾を解決しようとする意図においては注目に価するとしても、刑法第九条に明定する罰金を法人に対する関係に限つて刑罰に非ずと解することはもはや刑法解釈の限界を越脱したものであつて、妥当でない（木村・刑法総論一五二頁、福田・前掲七四頁）。

最近、最高裁判所は両罰規定について業務主の責任を過失責任とするに至り、責任主義の原則に立帰つたが、これも自然人たる業務主に限定され法人については触れていないので、同一の業務主責任に過失責任と無過失責任とが含まれることとなり、新たな矛盾を生ぜしめている。法人の犯罪能力を肯定する以外にはこの矛盾を克服する途はない。

なお、宗教法人の刑事責任に関しこれを結果的刑事責任とする次の高裁判決がある。事案は宗教法人大主教の大主（代表役員）が右法人の業務に関し出資の受入、預り金及び金利等の取締に関する法律に違反して信者等から二千数百万円の預金を募集した事実につき両罰規定の適用を見たものである。弁護人の控訴趣意は宗教法人は教義を弘め信者を教化育成するために存し憲法上信教の自由を保障せられるものであるから一般の法人と異なり犯罪能力を有しないこと及び法人には故意過失が存在しないとするにある。

【28】「しかし右取締法第十三条は単に法人とのみ規定しあつて、何等の除外例を認めてはいないのであるから、宗教法人と雖も同条の違反があるにおいては、これが適用を受けるものと認むべきである。なるほど、宗教法人は所論の如く宗教の教義をひろめ、信者を教化育成することを主たる目的とするものであつて、他の営利又は公益の社団又は財団とは聊かその目的、使命を異にするものではあるけれども、右取締法の立法の趣旨に稽え、更に宗教法人法第六条第二項の規定によれば宗教法人はその目的に反しない限り公益事業以外の事業を行うことができることになつておることを勘案するときは、被告人松井シズエが代表役員として大主教の教団の付随業務に関し本件犯行を犯したるものと認められる以上、他の法人同様処罰の必要あるものと謂はなければならない。

次に弁護人は被告人宗教法人大主教に関し故意又は過失が認められないから処罰できないと弁解するけれども、右取締法第十三条による法人の処罰は行為者（代表役員）が法人の業務に関し故意を以つて違反したるを以つて足り、法人自身の故意過失を必要とするものではないから、右法人に故意又は過失がなかつたとしても、同条による処罰を免れしめる正当の理由とはなし難い。法人に対し行為者の法人の業務に関する違反につき結果的刑事責任を負担せしめることは、必ずしも刑法の原則に違反するとも認められない。論旨はその理由がない」（大阪高判昭三三・六・二〇一刑集一一・六・三〇三）。

二　設立中の違反行為に対する会社の責任

会社の設立準備中に将来の会社のために発起人によつて為された違反行為につき設立後の会社が責任を負うべきか否かについて次の高裁判例がある。

事案は被告人は設立中の水産会社の設立委員として将来の右会社のため法定の除外事由がないのに冷凍いわし一万数千貫を超過価格で買受けたというもので、原審は会社をも有罪としたが、東京高裁はこれを破棄して無罪を言渡した。

【29】「刑事責任は犯罪行為と同時に定まり、その後の事情によつて移動すべきものでない。会社設立準備中に発起人が将来の会社のためになした違反行為についての刑事責任は、その行為者及び他の発起人等が負担することがあつても当時成立していなかつた、いわば法人の卵がその後登記によつて設立し、法人格を取得した故を以てこれを負担するようになることはない。この点民事責任とは大いに異なる。若し後に会社が設立せられた故を以て刑事責任を帰せしめるとすれば、右刑事責任の理論に反し、又物価統制令第四〇条両罰規定中の法人とあるのを拡張解釈して法人の胎児ともいうべきものを含ませねばならないこととなり、文理上も無理である。論旨は理由があり原判決中、被告人広瀬武雄が会社設立準備中になした行為について会社にも責任ありとした部分は破棄すべきものである」(東京高判昭和二五・一〇・二八特一三・二〇)。

会社設立行為の法的性格については組合契約説、合同行為説などがあるが、いずれにせよ、設立行為は法規により人格を認められるべき社会生活上の単一体を形成する行為であると考えられる(田中・改正会社法概論七八頁以下)。従つて、設立中の会社はすでに一個の団体である。従つて、両罰規定が人格なき団体をも含む場合にはこれも人格なき団体として処罰せられうるし、設立後においても同一性を失わないから会社は設立準備中の違反行為につき処罰をうけることになる。しかし、特に明文を以て人格なき団体を含むことを示さない一般の両罰規定についてもその「法人」に判決のいう「法人の胎児」を含ましめるべきか否かは問題である。刑法の解釈としてはこれを消極に解するのが妥当であろう。

三　清算法人の刑事責任

法人の刑事責任に特有の問題として法人が解散し又は合併せられたときは刑事訴訟法三三九条一項四号の「被告人たる法人が存続しなくなつたとき」(旧刑訴三六五条一項二号)に該当するとして公訴を棄却すべきか

否かが問題とされている。

これについてすでに古く、解散前の事犯に対する清算法人の起訴を認めた次の判例がある。これは原審が刑事の訴追を受けることは清算人の職務にあらずとしたのを破棄したものである。

【30】「本件寺田酒造合資会社ニ係ル酒税法違反ノ公訴事実ハ同会社ノ目的トシタル酒造の業務執行上ニ基因シテ生シタル犯法行為ナリトスルニ在ルヤ原判文上固ヨリ疑ヲ容レサル所ニシテ則チ其行為タルヤ会社ノ業務自体ニアラスト雖モ其業務ニ附随シテ密着離ルヘカラサル行為ナリト云ハサルヘカラス而シテ会社カ其業務ヲ結了セシメス半途ニシテ解散シタルトキハ商法第九十一条第一号ノ規定ニ依リ清算人ニ於テ之ヲ結了セシムルハ其当然為スヘキノ職務ニ属スルヲ以テ会社カ業務執行上犯法行為ヲ為シ之カ結末ヲ告ケスシテ解散シタル場合ニ於テモ亦清算人ハ之ヲ結了セシムルノ義務アリト云ハサルヘカラス即チ本件ニ於ケルカ如ク刑事ノ訴追審理ヲ受クルモ亦同条第一号ニ所謂現務中ニ包含スルモノト解スルヲ以テ相当ナリトス然ルニ原院ハ右等ノ行為ヲ以テ清算人ノ職務ニアラストシ本件清算人タル被告等ニ対スル公訴ヲ不適法ナリトシテ受理セスト判決シタルハ失当ニシテ検事長ノ上告ハ其理由アリ原判決ハ破棄ヲ免カレサルモノトス」（大判明四一・三・二〇刑録一四・二七〇）。

同様に次の判決も、解散後も清算結了に至るまで公訴権消滅せずとする。

【31】「因テ案スルニ合資会社カ解散シタルトキハ清算ノ目的ノ範囲内ニ於テハ其ノ清算結了ニ至ルマテ人格ヲ存続スルコト洵ニ所論ノ如シト雖人格ヲ存続スル以上刑事法ノ適用ニ於テモ解散ニ因リ直チニ公訴権消滅スルモノニ非スシテ清算結了ニ因リ法人格消滅シタルトキニ於テ始メテ公訴権消滅スルモノト解セサルヘカラス然ラハ被告会社カ本件起訴後解散シテ目下清算中ナルコト事実ナルヘシト雖未タ清算結了シタル事跡ナキヲ以テ之ニ対シ罰金刑ヲ言渡シタル原判決ニハ所論ノ如キ不法アルモノト謂フヘカラス」（大判昭一五・六・一〇新聞四五七五・六）。

【32】「仍テ按スルニ株式会社カ消滅シタルトキハ既ニ提起セラレタル公訴ヲ棄却スヘキモ単ニ株主総会ノ決議ニ因リ解散シタルニ止リ尚清算中ニ属スル場合ニ於テハ右公訴ハ之ヲ棄却スヘキニ非ス蓋刑事訴訟法第三

百六十五条第一項ニ所謂被告人タル法人存続セサルニ至リタルトキトハ被告人タル法人カ消滅シテ存在セサルニ至リタル場合ヲ指称スルモノニシテ法人カ解散スルモ商法上清算ノ目的ノ範囲内ニ於テ仍存続スルモノト看做サル清算中ノ場合ヲ包含セサルモノト解スルヲ相当トスヘケレハナリ（昭和十五年（れ）第六三〇号同年七月二十五日当院判例参照）然リ而シテ本件記録編綴ノ登記簿抄本ニ依レハ被告人会社ハ株主総会ノ決議ニ因リ昭和十六年四月二十三日解散シ目下清算中ナルコトヲ認ムルニ足ルヲ以テ被告人会社カ解散シタルノ一事ハ未タ以テ同会社ニ対スル本件公訴ヲ棄却スルノ理由ト為スニ足ラス」（大判昭一六・八・一六判例体系（経済統制法総論）一六）。

判例は更に進んで、被告人たる法人が解散し、清算が結了した場合においても之に対する刑事訴追を認めている。次の判決がそれである。

【33】「仍テ案スルニ法人消滅ノ場合ニ於テハ既ニ提起セラレタル公訴ハ棄却セラルヘキコト洵ニ所論ノ如シ然レトモ合資会社カ総社員ノ同意ニ依リ解散スルモ該法人ハ清算ノ目的ノ範囲内ニ於テ仍存続スルカ故ニ之ニ対スル公訴ハ清算ヲ遂行シ以テ会社一切ノ業務ヲ結了セサル限リ之カ為メ何等消長ナキモノトス記録竝当審ニ提出セラレタル登記簿抄本等ノ書証ニ徴スルニ本件公訴ハ昭和十四年八月十九日提起セラレ被告会社ハ第一審第二審共ニ罰金刑ノ宣告ヲ受ケ本件上告ニ及ヒタルモノナルトコロ一面昭和十五年二月二十日総社員ノ同意ニ依リ解散シ本件被告人代表者其ノ清算人ト為リ清算事務ニ著手シ昭和十五年七月一日前記ノ如ク本件訴訟ノ結末ヲ見サルニ拘ラス清算ヲ結了シタルモノトシ之カ登記ヲ了シタルモノトス而シテ本件ノ訴追ハ被告会社ノ業務ニ関スル行為ヲ公訴事実ト為スモノナレハ会社カ其ノ結末ヲ告ケス解散シタル時清算人ハ之ヲ結了セシムル義務ヲ負フニ至リタルモノナリ蓋本件ノ如キ会社ノ業務ニ関スル行為ニ付刑事ノ訴追審理ヲ受クルコトモ亦商法第百四十七条ノ準用スル同法第百二十四条第一項第一号ニ所謂現務中ニ包含スルモノト解スルヲ相当トスヘケレハナリ然リ而シテ本件ノ経緯前叙ノ如クナレハ被告会社ハ実質的ニ清算結了セス換言スレハ清算結了の登記アルト否トニ拘ラス今尚ホ被告会社ハ存続スルモノナレハ本件公訴ハ棄却スヘキ筋合ニアラス」（大判昭一五・七・

九・四七三）。二五刑集一

この判決の論理は次の如くである。すなわち、法人は解散後においても清算の目的の範囲内においてなお存続する。しかるに法人の業務に関する犯罪につき刑事訴追を受けることは清算の目的の範囲内に属し、清算において結了せしむべき現務に属する。それ故訴追審理を受ける義務を完全に果すまでは清算の結了ありとすることができないから法人は依然として存在するというのである。

美濃部博士はこの判決に反対し法人は解散によりその存立を失い、ただ清算の目的の範囲内においてのみ清算の結了までなお存続するものと看做さるるに過ぎないのだから、解散後においてはたとえ其の存立中に犯罪があつたとしてももはや之を処罰し得ないものとなさねばならぬとして、解散と同時に公訴を棄却すべきことを主張していられる（美濃部・経済刑法の基礎理論三六頁以下）。博士によれば、清算とは専ら財産関係の整理をなすことにのみ限られるから、解散前に言渡された罰金刑執行のみが結了しない場合であればこれを結了することは清算の目的の範囲内であるが、刑事訴追を受けるが如きは、単純な財産関係の整理を以つて目すべきものではなく、従つて、清算の目的の範囲内に存するとは解されない。更に、刑事訴訟手続の終了まで清算は結了しないものとすれば、結局刑事判決が確定して其の執行を終るまでは法人は常に存続するものとなり、刑事訴訟法の法人が存続せざるに至つたならば公訴を棄却すべしとある規定の如きは全く其の適用を見ないものとなり、それは此等の規定の趣旨と相容れないものであるとされる（前掲三六頁以下）。

これに対して、中野教授の説は判例と美濃部説の中間にある。教授は法人の消滅時期は清算の真に結了したときであるが、清算の結了は現務の結了を前提とするから、「現務」の範囲が問題となるとされ、「清算の対象は本来相続又は合併による包括承継の可能なるが如き法律関係に限らるべきであつて、それ以外のものは清算事務の範囲を超えると考えるのが正しいのではあるまいか。（中略）かような見地を前提とすれば、刑事訴訟における被告人の地位の如き性質上固より承継を許さぬ一身専属的なものであるから、かかる関係は清算手続によつて結了せらるべき「現務」には初めより該当せず、従つて本件のやうな場合には私法関係の整理終了と同時に法人格は消滅し、その結果当事者能力も亦失はれると解さねばならぬことになる」とされている（中野・刑評三巻二二四頁）。

田中教授も同様に「刑事責任の訴追を受けるが如きは清算手続によつて結了せらるべき現務には属せざるものと解せねばならぬ」とされ本件についても他の諸関係の整理終了によつて清算結了し、法人の消滅を来すものと見る外はないとされる（田中「経済統制罰に関する法律上の諸問題」法協六〇巻三号八七頁）。最近、福田教授も同様の見解を述べていられる（福田・行政刑法八〇頁）。そして、これらの論者はいづれも更に第二の理由として、判例の立場からは一旦刑事訴追が開始された以上、絶対に法人の消滅を来す余地なきこととなり（旧）刑訴第三六五条（新）三三九条一項四号の規定は全く無用となる点をあげていられる（田中・前掲、中野・法協五九巻七号一三二頁以下）。福田教授はその外にまた「法人の役員処罰ニ関スル法律」は清算結了の方法によるかぎり不能を規定したことになろうとされる（福田・前掲八〇頁）。

私も私法関係の整理終了により法人を消滅し、従ってその時より公訴権も消滅すると解してよいと思う。解散の濫用に対しては法人の役員処罰に関する法律の運用によつて対処すればよいであろう。しかし、判例は刑事訴追を受けることも現務に属するとの立場を一貫して維持している。次の判決は、旧刑訴三六五条一項二号の如き規定も合併には適用しうるから空文に帰するとはいえないとして美濃部説に反論を加えている。

【34】「記録ニ徴スルニ被告会社ハ昭和十六年十月二十四日第一審ニ於テ有罪ノ判決ヲ宣告セラレ之ニ対シ控訴ノ申立ヲ為シ原審ニ於テ審理中昭和十七年七月三十日総社員ノ同意ニ因リ解散シ同年十月二十一日清算結了ノ登記ヲ経タルコト明ナリト雖本件公訴事実ハ被告会社ノ業務ニ関スル行為ヲ其ノ内容ト為スモノナルカ故ニ同会社カ其ノ結末ヲ告ケスシテ総社員ノ同意ニ因リ解散シタル結果清算人ハ之ヲ結了セシムル義務ヲ負フニ至リタルモノニシテ之カ義務ヲ完全ニ果シタル後ニ非サレハ未タ清算ノ結了アリト為スヲ得ス従テ本件公訴ノ繋属中清算結了ノ登記ヲ経タリトスルモ右会社ハ尚依然トシテ存続スルモノナルヲ以テ本件公訴ハ之ヲ棄却スヘキモノニ非ス是レ既ニ本院ノ判例トスルトコロナリトス（昭和十五年（れ）第六三〇号同年七月二十五日判決参照）而シテ刑事訴訟法第三百六十五条第一項第二号ニ依レハ法人存続セサルニ至リタルトキハ決定ヲ以テ公訴ヲ棄却スヘキ旨規定シアルニ依リ公訴ノ繋属中法人存続セサルニ至ルヘキ場合ノアルコトヲ予想シタルモノナルコト洵ニ所論ノ如シト雖此ノ規定アルノ故ヲ以テ本件ノ如キ場合ニ之ヲ適用スルニ非サレハ該規定ハ空文ニ帰シ法ノ精神ニ反スルモノト為スハ必スシモ肯綮ニ当レリト謂フヘカラス蓋シ会社カ合併ヲ為シタルトキ其ノ合併ニ因リ解散シタル会社ハ清算手続ヲ執ルノ要ナク合併ノ効力ヲ生スルト同時ニ法人格ヲ喪フニ至ルヘキヲ以テ若シ解散シタル会社カ其ノ解散前刑事上ノ訴追ヲ受ケ公訴繋属中合併ニ因リ解散シタルカ如キ場合ニ在リテハ右規定ヲ適用シ公訴ヲ棄却シ得ヘケレハナリ然レハ原判決カ被告会社ニ対シ有罪ヲ宣告シ罰金ノ言渡ヲ為シタルハ固ヨリ正当ニシテ原判決ニ法律ノ適用ヲ誤リタル違法アルコトナク論旨理由ナシ」（大判昭一八・八・二三刑集二二・二二三）。

さて、最高裁判所の次の判決は従来の大審院判例を支持する新たな論拠として、会社が解散しても会社を継続しうる場合のあること、又、株式会社の更生申立が認められていることをあげている。商法九五条は社員の全部又は一部をもつて会社を継続しうる場合を認めており、そして判例は会社継続のための社員の同意は清算手続の完了しない間はなしうるものとしているので（大決昭八・二・七、民集一二・二三二）、この点はたしかに従来看過せられて来た論点といいうる。しかし、これも解散と同時に公訴権が消滅するという説に対する反論とはなりうるが、私法関係の整理終了をまつて始めて当事者能力が失われると解する説に対しては反対の理由とならない。

【35】「元来刑訴三三九条一項四号の規定に「被告人たる法人が存続しなくなつたとき」とあるのは、法人が総ての関係において終局的に存在しなくなつたときをいうものであつて、会社が解散しても商法一一六条の規定により清算の目的の範囲内においてなお存続するものと看做される場合のごときを含むものではない。ことに、商法九五条、四〇六条は、会社が解散しても、会社を継続しうる場合のあることを認め、また、会社更生法三一条は、清算若しくは特別清算中又は破産宣告後において株式会社の更生申立を認めているから、これらの点から見て、本件のような株式会社の株主総会の決議に因る解散だけでは会社が存続しなくなつたと認めることはできない。そして、会社が本件のようにその業務又は財産に関する違反行為に因る財産刑に該る事件の訴追を受けるがごときは、商法一二四条一項一号にいわゆる清算人の現務中に包含するものと解するを相当とするから、本件のような解散前の違反行為については清算結了の登記あると否とを問わず、清算人において違反事件の結末を終了するに至るまで、被告人会社はなお存続するものといわなければならない。されば、原一、二審の訴訟手続には、所論の違法を認むることができない」（最判昭二九・一一・一八、刑集八・一一・一八五〇）。

次の判決は法人の清算人が清算結了前に検察官から解散前の雇人の違反行為につき略式手続による

ことに異議がないかを確められ、異議がない旨申述し、清算結了登記前に略式命令の請求がなされ登記後に送達がなされた事案に関する。判決は起訴の効力は略式命令請求の時に発生し、送達の時に生ずるものではないとし、しかも、解散前の違反行為に対する事件の結末を見るまで清算は結了しないとして公訴を適法としている。

【36】「略式命令の請求による起訴の効力は、その請求が裁判所に対してなされた時に発生し、略式命令の謄本が被告人に送達された時に生ずるものではないと解するのが相当である。従つて、昭和三一年七月一〇日なされた本件略式命令の請求が所論同年同月一三日の清算結了登記前になされたこと記録上明らかな本件では、略式命令の謄本の送達が清算結了登記後になされたからといつて、起訴の効力に消長のあるべきいわれはない。そして、原判決説示のごとく、被告会社は昭和三一年六月三〇日清算を結了する旨の手続をしたのであるがその結了手続をなす約二〇日以前である同年同月一一日被告会社代表者木村喜多は検察官事務取扱副検事から本件につき略式手続によることにつき異議がないかどうかを確められ異議がない旨申述をしたことも記録上明白であるから、清算人木村喜多において本件のような解散前の違反行為に対する事件の結末を見るに至るまで、被告会社の清算は結了せず、従つて、被告会社はなお存続するものと解すべきことは、昭和二九年（あ）一九二二号、同年一一月一八日小法廷決定集八巻一一号一八五〇項以下に判示されているとおりである。それゆえ、本件は公訴棄却をすべき場合に当らず、所論は採ることができない」（最判昭三三・五・二四刑集一二・八・一六一一）。

高裁判例としては次のものがある。

【37】「被告人マルサン文具株式会社が、株主総会の決議に因つて、昭和二十五年六月二十日解散し、同年八月三日その登記をしたことは、同会社登記簿謄本の記載に照らし、所論のとおりであるが、しかし、会社は解散によつて直ちにその法人格が消滅するものではなくて、清算が結了するに至るまでは、その清算目的の範囲内において、なお、法人が存続するものであるから、解散したからといつて、それがため、既に、解散前に

発生した会社の刑事責任を免れることはできないものというべく、又、清算人が、その清算会社を代表して、同会社の一切の裁判上裁判外の行為をなすべき権限を有するものであるから、同会社に対する起訴状の送達、その他刑事訴訟上の諸手続は、すべて、右清算人を同会社の代表者としてこれをなすべきものであるところ記録によれば、被告人会社は、前示解散の登記と同時に、清算人として山崎三郎を登記してあること、及び未だ清算が結了するに至らず、現に清算中であることが認められる上に被告人会社に対する本件起訴状の送達を始め、本件に関する一切の訴訟手続は、被告人会社の清算人である前示山崎三郎を同会社の代表者として進行して来たものであることが記録上まことに明瞭であるから、被告人会社は、所論のように本件の刑事責任を免れることができないと同時に、原判決にはこの点について所論のような判決に影響を及ぼすべき訴訟手続の法令違反があるものということはできない」（東京高判昭二八・二・二三東京高時報三・二・七八）。

会社合併の場合についてはさきの大審院昭一八・八・二五判決は合併の効力を生ずると同時に法人格を消滅するから、刑事訴追を受けた会社が合併により解散したときは公訴を棄却しなければならないとしている。

昭和四年五月一七日の法曹会決議も同様の趣旨を述べている。

【38】「合併ニ因リ消滅シタル会社ノ存続中ニ於ケル税法違反事件ニ対シテハ明治三十三年法律第五十二号第一条ノ規定ハ合併後存続スル会社又ハ合併ニ因リテ設立シタル会社ニ対シテ適用スルコトヲ得サルモノトス」（法曹会昭四・五・一七決議、法曹会雑誌七・八・一七四、特別法判例総覧刑事編下一四三六）。

四　両罰規定の形式

一　転嫁罰規定より両罰規定へ

行政刑法におけるいわゆる業務主処罰規定は大別して二つの類型に分けられる。一つは古くから財政法規、取締法規に設けられて来たいわゆる転嫁罰規定である。この規定の形式は大体「、、業ヲ営ム者ハ其ノ代理人、戸主、家族、雇人其ノ他ノ従業者カ其ノ業務ニ関シ第、、、条ノ罪ヲ犯シタルトキハ自己ノ指揮ニ出テサルノ故ヲ以テ其ノ処罰ヲ免ルルコトヲ得ス」とし、更に、次条において、「本法又ハ本法ニ基キテ発スル命令ニ依リ適用スヘキ罰則ハ其者カ法人ナルトキハ理事、取締役其ノ他ノ法人ノ業務ヲ執行スル役員ニ、未成年者又ハ禁治産者ナルトキハ其ノ法定代理人ニ之ヲ適用ス但シ営業ニ関シ成年者ハ同一ノ能力ヲ有スル未成年者ニ付テハ此ノ限ニ在ラス」とするものである。「業ヲ営ム者」の代りに「法人又ハ人」とするものもある。通説及び判例がこれらをもつて事実行為者の責任を事業主に転嫁するものと解したところから、この種の規定は一般に転嫁罰規定と称せられている。しかし、転嫁罰規定は支那事変を境として次第に減少し、今日においては蚕糸業法四九条、製糸業法一〇条、一一条、労働組合法三一条など数件が存在しているに過ぎない。業務主処罰規定の立法は今日ではすべて両罰規定の形式によることとなつている。これは両罰規定が取締目的の見地においてより合理的であるからである。

両罰規定の最初の立法例は昭和七年法律一七号資本逃避防止法五条であり、これが昭和八年法律二八号外国為替管理法六条に引継がれ、支那事変を境として経済統制法規の罰則に広くとり入れられるに至つたものである（八木・前掲二一頁）。なお、資本逃避防止法以前においても、一種の両罰規定が存在した。昭和四年鉱業警察規則八〇条、同年石炭坑爆発取締規則三一条は従業者とその直接の監督者を罰し、又、明治四二年の新聞紙法も名義上の編集人と実際編集を担当したる者を処罰している（八木・前掲二二、三頁）。

二　両罰規定の形式

両罰規定は「法人の代表者又は法人若しくは人の代理人、使用人その他の従業者が、その法人又は人の業務に関し、第、、条の違反行為をしたときは、行為者を罰する外、その法人又は人に対して各本条の罰金刑を科する」とするものである。これを基本的形式として、種々の変型が見られる。八木博士の分類を参考にして現在の規定を分類するならば、次のようになろう（八木・前掲二一三頁以下、二六〇頁以下参照）。

（一）右の基本型で物品税法二二条、古物営業法三三条等百数十件あまりがこれに属している。

（二）基本型にいわゆる過失推定但書がついて、「但し、法人又は人の代理人、使用人その他の従業者の当該違反行為を防止するため当該業務に対して相当の注意及び監督が尽されたことの証明があつたときは、その法人又は人については、この限りでない」とするものである。消防法四五条、土地収用法一四五条等六十件がある。

（三）但書に何人につき無過失の立証をすべきかを明示して、「但し、法人の役員（理事、取締役その他これに準ずべき者をいう）又は人（人が無能力であるときは、その法定代理人とする）がその法人又は人の代理人又は使用人その他の従業者の当該違反行為を防止するため相当の注意を怠らなかつたことの証明があつたときは、その法人又は人についてはこの限りでない」とする型で、生活保護法八六条二項外数件がこれに属する。

（四）免責但書のやゝ異なるもので、「但し、事業主（事業主が法人である場合においてはその代表者、事業主が営業に関し成年者と同一の能力を有しない未成年者又は禁治産者である場合においてはその法定代理人を事業主とする。以下本条において同様である）が違反の防止に必要な措置をした場合においては、この限りでない」とし、次項に「事業主が違反の計画を知りその防止に必要な措置を講じなかつた場合、違反行為を知りその是正に必要な措置を講じなかつた場合又は違反行為を教唆した場合においては、事業主も行為者として罰する」とするもので、労基法一二一条、船員法一三五条の二件がある。

（五）第一項に「この法律の違反行為をした者が、法人又は人の事業又は業務について、当該法人又は人のために行為をした代理人又は被用者である場合においては、行為者を罰する外、当該法人の代表者又は人が普通の注意を払えば、その違反行為を知ることができるべきときは、その法人の代表者又は人に対しても各本条の罰金刑を科する」と規定し、次項に、「法人又は人が違反の計画を知り、その防止に必要な措置を講じなかつた場合、違反行為を知り、その是正に必要な措置を講じなかつた場合又は違反を教唆した場合においては、当該法人の代表者又は人も行為者として、これを罰する」とするもので、職業安定法六七条、船員職業安定法六九条の二件がそれである。

（六）業務主が知情を有する場合だけ処罰するとする規定で、「法人の代表者又は法人若しくは人の代理人、使用人その他の従業者の法人又は人の業務に関し第、、条の違反行為をしたときは、その法人又は人が、違反の計画を知りその防止に必要な措置を講じなかつたとき、違反行為を知りその是正に必要な措置を講じなかつたとき、又は違反を教唆したときは、行為者を罰する外、その法人又は人に対し各本条の罰金刑を科する」とある。漁船法三一条、漁港法四七条の二件がある。

（七）両罰規定の基本型の外に理事、役員等を処罰するとするもので、「第、、条の違反があつた場合においては、その違反の計画を知り、その防止に必要な措置を講ぜず、又はその違反行為を知り、その是正に必要な措置を講じなかつた当該事業各団体の理事その他の役員若しくは管理人又はその構成事業者に対しても、それぞれ各本条の罰金刑を科する」と規定する。独禁法九五条の二がそれである。

（八）　なお、法人でない社団又は財団をも含むとする規定は事業者団体法、取引高税法、政治資金規正法によりその立法例が聞かれたが、最近は所得税法七二条外税法の中にとり入れられつつある。これは基本型に「法人の代表者（法人でない社団又は財団の管理人を含む。）又は法人若しくは人の代理人、使用人その他の従業者が、その法人又は人の業務に関して云々」とし第二項に「法人でない社団又は財団について前項の規定の適用がある場合においては、代表者又は管理人がその訴訟行為につき当該社団又は財団を代表するほか、法人を被告人又は被疑者とする場合の刑事訴訟に関する法律の規定を準用する」とし、別条に「法人でない社団又は財団で代表者又は管理人の定めあるものは……これを法人とみなす」と規定しておくものである。

以上のうち特に重要なものは（一）と（二）であるが（八）も今後の方向を示すものとして注目される。その他はそれぞれ理論的な難点をもつており数も極めて少く、類型化の意義も乏しいといつてよい。

五　業務主責任の本質

両罰規定における業務主責任の本質については判例は最近まで無過失責任説を採用してきた。すなわち業務主の処罰は業務主自身の何らかの罪責によるものではなく、単に行為者たる従業員等の違反行為を理由とするというのである。この見地は判例・通説がいわゆる転嫁罰規定について採用した転嫁責任（代位責任、他人の行為による責任）説と本質的に同一である。

転嫁罰規定についてはすでに法人の刑事責任の章で転嫁責任説の判例をあげたが、自然人たる業務主についても同様な判例がある。

次の判決は転嫁罰規定による処罰が業務主の法定代理人に対して科せられる場合につきこの責任を代位責任としている。

【39】「肥料取締法第十二条ニ於テ肥料営業者カ営業ニ関シ成年者ト同一ノ能力ヲ有セサル未成年者又ハ禁治産者ナルトキハ法定代理人ニ営業者ニ対スル同法ノ罰則ヲ適用スヘキ旨ヲ規定セルハ肥料営業者カ同法第十三条ニ依リ其代理人戸主家族同居者雇人等ノ為セル其業務ニ関スル犯罪ニ付責ヲ負フヘキ場合若クハ営業ニ関シ成年者ト同一能力ヲ有セサル未成年者又ハ禁治産者カ自ラ営業ニ関シ犯罪ヲ為シタル場合ニ於テ其法定代理人ヲシテ代リテ刑責ヲ負担セシムルノ趣旨ヲ明示シタルニ過キス」（大判大五・六・八刑録二二・九一九）。

最高裁判決の中に転嫁責任に関する判決がある。次の判決は古物取締法二二条「営業上ニ付テハ家属又ハ雇人ノ所為ト雖モ営業者其ノ責ニ任ス」及び同旨の古物営業法三三条に関するもので、弁護人は営業者自身に何等の犯罪行為なくして処罰せられるのは刑責の不当な拡張であり、主人という社会的身分により処罰せられるのは憲法第一四条に違反するとして上告した。

【40】「論旨は、古物商取締法二二条は家族の行為につき戸主を罰する規定であり、古物営業法三三条は営

業者と雇人等の従業者とを主従関係によつて区別し、従業者の犯罪行為につき主人を処罰するものであるから憲法一四条に反すると主張するけれども、これらの両規定は、古物商という業務取締の必要上、従業者の営業上の反則行為について業務の主体たる営業者を処罰する趣旨であつて、戸主家族の身分若しくは主従の地位によつて処罰するものではない。それゆえ、これらの規定が憲法一四条に違反するとの所論はその前提を欠くがゆえに問題とならないばかりでなく、かかる主張の理由ないことは、当裁判所大法廷判決の趣旨に徴し明らかである（昭和二五年（あ）二九二号同年一〇月一一日大法廷判決）」（最判昭二七・六・三裁判集刑六五）。

さて、両罰規定については責任の転嫁、代位ということは適当でないので、判例は業務主は主人として従業者と同一罪責の下に処罰せられるものとした。次の判決は織物販売業者の妻がスフ織物タオルを超過価格で販売した事実に対して国家総動員法四八条の両罰規定を適用したものである。判決は従業員の連続犯は主人においても連続犯であるとする趣旨のものであるが、その理由として主人の処罰には主人自身の行為ないし意思は何ら関係しないことをあげている。

【41】「国家総動員法第四十八条ニ依リ従業員カ同条列挙諸法条ノ違反行為ヲ為シタル結果其ノ主人カ処罰セラルル場合ニ在リテハ該違反行為ノ遂行ニ付主人ノ行為乃至意思ハ何等介入セス単ニ行為者タル従業員ノ違反行為ニ付主人トシテ従業員ト同一罪責ノ下ニ処罰セラルルモノナルコト同条ノ法意ニ照シ疑ヲ存セス然レハ其ノ処罰法条モ亦従業員ト全然同一ノ適用ヲ受クヘキモノナルコト勿論ナリトス」（大判昭一六・一二・一八刑集二〇・七〇九）。

同じく国家総動員法四八条に関し業務主の故意過失を問わぬとする次の判決がある。事案は靴製造業者たる被告人の二男が被告人を代理して営業一切を統轄しているうち超過価格販売をしたというものである。

【42】「国家総動員法第四十八条ハ営業者ノ代理人カ其ノ営業者ノ業務ニ関シ同条列挙法条ノ違反行為ヲ為

シタルトキハ営業者ニ故意又ハ過失アリタルト否トヲ問ハス常ニ之ニ対シ同条所定ノ刑責ヲ負ハシムル法意ナルコト疑ヲ容レサルカ故ニ原判決カ右事実ニ付被告人ニ於テ所論ノ如キ故意又ハ過失アリシヤ否ヲ審理セスシテ前記法条ヲ適用処断シタルハ毫モ違法ニ非ス」(大判昭一七・九・一六刑集二一・四一七)。

同じく、製薬業を営む人格なき組合の刑責に関する前出判例【22】はこの点について次のように述べている。

【43】「(国家総動員法四八)条ニ依レハ法人ノ代表者又ハ法人若クハ人ノ代理人使用人其ノ他ノ従業者其ノ法人又ハ人ノ業務ニ関シ云々ノ違反行為ヲ為シタルトキハ行為者ヲ罰スルノ外其ノ法人又ハ人ニ対シ各本条ノ罰金刑又ハ科料刑ヲ科スヘキ旨規定シ故意過失ノ有無ヲ問フコトナク其ノ処罰ヲ事業主ニ迄及ホシ而モ之ヲ単ナル一個人ノ場合ニ限定セサルカ故ナリ」(大判昭一八・三・二九刑集二二・六一)。

これらの判決は事業主に無過失責任を認めたものと解される。そこで主人の行為乃至意思は必要でないとか故意過失は必要でないとかいわれているのは、単に当該の違反行為自体についてのみならず事業主として従業員の違反行為を防止すべき注意監督義務に関して業務主の過失を必要としないという意味であろう。次の判決はこの点を明確にしている。事案は織物売買業を営む株式会社の出張所主任及び本店従業員の超過価格売買に関するものである。

【44】「国家総動員法第四十八条ノ規定ハ従業者ノ一定ノ行為ニ付法人又ハ人ヲ処罰スルモノニシテ所論ノ如ク法人又ハ人ニ於テ従業者ヲ雇入又ハ選任スルニ付不注意ナリシカ若ハ其ノ監督不行届ナリシコトニ付法人又ハ人ヲ処罰スルモノニ非ス」(大判昭一七・七・二四刑集二一・三一九)。

さて、無過失責任といっても、犯罪の理論的構造からすれば、これらは単に犯罪構成要件の一たる責任の欠如を意味するばかりでなく責任の前提たる違法行為が存在しない場合であることを注意せねばならない。行為は構成要件の中心的要素であるから、業務主自身の何らかの行為を予想しないかぎり構成要件該当すら存在しないことになる。そこで、業務主処罰は結局純然たる他人の犯罪による処罰と解されることになる。しかしこのような処罰は刑事責任の原則に予盾し、国民の法感情にも反するものであつて、刑法においては容認できないところである。

ところが、他人の行為による責任といつてもここでは全然無関係な他人の犯罪について処罰を受けるというものではない。業務主は従業者の違反行為について「主人トシテ」罪責を負担するのである。そして主人として責任を負うのは、主人は事業運営の全般に亙つて統卒者たり主宰者たるものであるから、事業の範囲内で違反行為が生じないよう注意監督すべき義務があるからである（美濃部・行政刑法概論二九頁、経済刑法の基礎理論二〇八頁）。事業主の処罰が国民一般の法感情に必ずしも反しないのはこのためである。従つて、業務主処罰規定においては従業者の違反行為の外に業務主たるの地位が中心的要素をなし、そしてこの地位は営業において一切違反行為なからしめるべき義務を含んでいるから、業務主処罰規定の構成要件は義務に違反して注意を尽さず違反行為を発生せしめたという一種の不作為を規定したものと考えられる。

かような見解は美濃部博士が最初に主張されて以来学説においても次第に有力となつてきたのであり、前記の判決についてもこの見地から解釈がなされている。

小野博士は判例【41】について「この責任は法理的には業務主としての監督不行届という意味が含

まれているが、しかし法律的には従業者の違反行為が其の構成要件である。其の意味で他人の行為に基く責任であるとも謂える」とされ（小野・刑評四巻三〇〇頁）、判例【44】について「法理的には何処までも監督不行届の責任である。（中略）しかし、現行法の概念構成としてはその監督不行届の事実、又は其における過失の存在を責任の条件としてはいない。業務主である限り当然に其の責任を負ふのである。いはば監督不行届は法律上当然に有するものと推定されている。謂わる Praesumptio juris et de jure である」とされている（小野・刑評五巻一三六頁）。これは理論的には業務主責任を過失責任とするが、その過失は法律上擬制せられているとするので、実際的には無過失責任と異ならない。前記の判例は理論上かような業務主の過失犯を擬制すべきか否かについては触れていないが、過失擬制説の見地と相容れないものではない。

美濃部博士は更に進んで、この後二者の判決は従業者に違反行為があつたならばそれが不可抗力に基づくものでない限り、事業主は当然監督義務違反の責任を免れ得ないのであつて、あえて過失の証明あることを要しないとの趣旨を示したにすぎないと解していられる（美濃部・経済刑法の基礎理論二九頁）。これは博士の過失推定説の見地から判決に対する合理的解釈を行つたものである。判決は業務主が必要な注意監督を尽したことを証明した場合に処罰を免れ得るか否かについてこれを明確に否定しているわけではないので、かような解釈も判決の可能な解釈として成立しうるであろう。

二　過失擬制説

両罰規定についてではないが、古い取引所法三二条ノ六の転嫁罰規定について擬制説を採つている判例が二つある。

【45】「取引所法ハ其ノ規定セル事項取締ノ目的ヲ完全ニ貫徹センカ為ニ同法第三十二条ノ六ノ規定ヲ設ケタルニ外ナラスシテ詳言スレハ所謂従業者ニシテ主人タル仲買人即チ新法ニ所謂取引員ノ業務ニ関シ同法第十一条ノ四若ハ第十二条第一項ノ規定ニ違反スル行為アリタルトキハ主人タル仲買人自身ノ意思ノ有無ヲ問ハス法ノ擬制ニ依リ当然当該業務ノ主体タル仲買人ニ罪責ヲ負ハシメ全然仲買人ヲシテ事実上該行為ニ関スル意思ノ存在セサリシコトノ反証ヲ挙クルコトヲ許ササル法意ナリト解スヘキモノトス」（大判大一二・二・二 七刑集二・一三四）。

【46】「取引所法第三十二条ノ六ハ所謂従業者ニシテ主人タル取引員ノ業務ニ関シ同法第十一条ノ四ノ規定ニ違反スル所為アリタルトキハ其ノ所為ニ対スル主人タル取引員自身ノ認識ノ有無如何ヲ問ハス法ノ擬制ニ依リ当然当該業務ノ主体タル取引員ニ罪責ヲ負ハシムルノ法意ナルヲ以テ被告人ノ従業者（支配人）タル上者清司カ更ニ被告人ノ従者（雇人）ナル芳本五郎及佐々木松一ニ命シ同法第十一条ノ四違反ノ行為ヲ為サシメタル場合ナルト将又右芳本及佐々木カ自己単独ノ意思ヲ以テ前示ノ所為ニ出テタル場合ナルトニ依リ毫モ主人タル被告人ノ罪責ニ消長ヲ来スモノニアラサルヤ論ナシ」（大判昭一三・三・四 新聞四二四八・一三）。

この二つの判決に「法ノ擬制ニ依リ」とあるのは業務主の監督上の過失を擬制する意味であるとすれば、これらは従来の単純な無過失責任説から理論的に一歩前進して小野博士等の説く過失擬制説と一致するわけである。しかし、そこには「監督上の責任」という言葉は見当らないので、この点は必ずしも明確ではない。

三　従属責任説

最近の判例の中には法人又は人の責任は行為者の責任に従属する責任であるとしているものがある。次の最高裁判決は、失業保険料の不納付罪につき会社が代表者の違反行為のために処罰される場合に代表者が異なるときは会社についても公訴事実を異にするという趣旨を従属責任を理由として述べている。

【47】「被告人会社については失業保険法五五条の規定に徴しても、行為者の責任に従属して責任を負うべきものであつて被告人大谷を行為者とする会社の失業保険法違反の事実を被告人鍵田を行為者とする会社の同法違反の事実とは、公訴事実を異にするものと解すべきであるから右起訴事実については被告人会社もまた罪とならない」(最判昭二八・一・二七刑集七・一・六四)。

高裁判例にも公訴時効の問題に関連して法人の責任は行為者本人の責任に当然随伴するものとする判例がある。

【48】「おもうに、両罰規定によつて罰金刑を科せられる法人の責任は行為者本人のそれとは別個のものではあるが、該責任たるや、行為者本人の責任に当然随伴するものであるから、行為者本人について責任の存続すると認められる限り、法人の責任は否定されることはない。このことは、いわゆる両罰制度の本質上むしろ疑のない所である」(東京高判昭二九・一一・二一刑集七・一五)。

しかし、責任の「従属」とか「随伴」という言葉は明確な概念を示すものではない。共犯の従属性の問題と同じように、ここでも法人又は人の犯罪及び可罰性が行為者本人のそれにどの程度従属するかが明らかにされなければならない。しかし、判決は恐らく従来の無過失責任説を言葉を変えて述べたにすぎないものであろう。なお、業務主責任を業務主自身の監督義務違反によるものと解する見地においても従業員等の現実の違反行為がなければ処罰を受けないという意味において行為者の違反行為に従属するということができる。それ故、これらの判決は無過失責任説と過失責任説との外に新しい説を導入するものと解すべきではなかろう。なお、法人又は人の公訴においては従業員等の違反行為が訴因の主要部分を占めるから、行為者の変更はやはり公訴事実の同一性の範囲外と解すべきであろう（城富次・刑評一五巻一六頁）。時効の問題については後に述べる。

四　過失推定説

業務主責任をもつて過失責任となす説は夙に美濃部博士によつて唱えられた。博士は事業主は事業の全体の統率者として従業者をして違反行為なからしめるよう万全の注意を為すべき義務を有しているとし、この注意監督義務を怠つたことの過失が事業主の犯罪を構成し、そして従業者の違反行為が発生した場合にはそれが不可抗力に基づくことの証明がなされない限り当然に注意義務を怠つたものと推定されると論ぜられた（美濃部・行政刑法概論二九、三〇頁）。かように、業務主責任を過失責任としかもそれが推定されているとする思想はその後学説において次第に広く認められつつあり、特に八木博士によつて強力に主張されている（八木・業務主体処罰規定の研究八〇頁以下、草野・刑事判例研究五巻四四頁、佐伯「経済法犯と刑法理論」法時一二巻一二号四頁、福田・行政刑法五四頁等）。立法においても業務主が注意監督を尽した場合の免責を認めるいわゆる過失推定但書を有する両罰規定（さきの類型（二）型、（三）型）が増加しつつある。

さて、判例を見ると、転嫁罰規定について業務主は従業員に対する監督上の責任を負うものとする判例がある。

次の判決は関税法違反事件につき同法八二条の転嫁罰規定の趣旨を論じたものである。

【49】「（関税）法第八十二条ノ二ニ於テ営業者又ハ税関貨物取扱人ヲシテ其ノ犯意ノ有無ニ拘ラス代理人使

用人ノ違反行為ニ対スル責任ヲ負ハシムルハ其ノ監督上ノ責任ヲ問ヒ以テ取締ノ目的ヲ貫徹スルノ主旨ニシテ営業者又ハ税関貨物取扱人ト其ノ代理人使用人ニ非サル者トノ間ニ於ケル共犯関係ヲ否定スルノ趣旨ニ非ス殊ニ同法第八十二条ノ四ニ於テ刑法第六十三条ノ適用ヲ除外スルニ拘ラス同法第六十条乃至第六十二条ノ適用ヲ除外セサルニ徴スルモ上叙ノ法意ヲ窺知スルニ充分ナリ」（大判昭九・五・三刑集一三・五五六）。

次の判決も同様に監督上の責任とする。事案は取引所取引員の従業員が認可なしに二以上の場所で株式売買をなし取引員は取引所法三三条ノ六の転嫁罰規定により処罰せられたものである。弁護人は被告人は違反行為を防止するために数回戒告を与えたとして上告したが、判決はこれをとりあげなかった。

【50】「取引所法第三十三条ノ六ニ所謂「自己ノ指揮ニ出テサルノ故ヲ以テ其ノ処罰ヲ免ルルコトヲ得ス」トハ会員又ハ取引員ハ苟モ其ノ従業者カ其ノ会員又ハ取引員ノ為其ノ業務ニ関シ違反行為ヲ為シタル以上其ノ責任ヲ負フヘキ趣旨ヲ明ニシタリト解スヘキヲ以テ会員又ハ取引員ニ於テ従業者ノ行為ニ付所論ノ如ク反対ノ指揮ヲ為シタル場合ニ於テモ監督上ノ責ヲ荷ヒ其ノ処罰ヲ免ルルコトヲ得サルモノト謂ハサルヲ得ス尚酒造税法第三十二条酒精及酒精含有飲料税法第二十三条酒母醪及麹取締法第十五条麦酒税法第十九条織物消費税法第二十一条及骨牌税法第二十条等ニ於テモ従業者ノ行為ニ付事業主ニ罪責ヲ負ハシムル類例夥多存シ所論ノ如ク本件ノミ仁愛ニ適セサル解釈ヲ為スモノト云フハ当ラサルモノトス原判決ハ第一点ニ説明セルカ如ク被告人ノ従業者ノ行為ナルモ被告人ニ付不可抗力ニ依リ発生シタルモノト認ムヘキ事跡ナキヲ以テ原判決ニ於テ取引所法第三十二条ノ六ヲ適用シテ処断シタルハ所論ノ如ク法律ノ解釈ヲ誤リ之ヲ不当ニ適用シタルモノト謂フヘカラス」（大判昭一三・四・一二刑集一七・三〇五）。

この判決は「不可抗力ニ依リ発生シタルモノト認ムヘキ事跡ナキヲ以テ」と述べて不可抗力の立証

による免責を認める趣旨を示している。しかし、これらの判決は無過失責任説の多数の判例の中に点在する例外的判決に過ぎないことを注意せねばならない。

さて、戦後になつてまず高裁判例の中に業務主責任は従業員に対する注意監督上の不作為犯によるとするものが現われたが、次いで最高裁判所も昭和三二年一一月二七日の大法廷判決をもつて、従来の判例を変更し、両罰規定は事業主につき従業者の選任、監督その他違反行為を防止するに必要な注意を尽さなかつた過失の存在を推定した規定であるとするに至つた。

この判決の事案はキヤバレー経営者の支配人等が経営について本帳簿の外にその三分の一を記載した税務帳簿を作成し、これに基づいて入場税額につき虚偽の申告をなし入場税を逋脱し又逋脱せんとしたというものである。上告趣意は経営者たる被告人はその違法行為に関与していないからこれを処罰することは自己の違法行為によらなければ刑事上の責任を問われないとする憲法三九条に違反すると主張する。

【51】「所論は、廃止前の入場税法一七条の三(但し昭和二二年法律第一四二号による改正前の条文)のいわゆる両罰規定は、憲法三九条に違反すると主張する。

しかし、同条は事業主たる人の「代理人、使用人其ノ他ノ従業者」が入場税を逋脱しまたは逋脱せんとした行為に対し、事業主として右行為者等の選任、監督その他違反行為を防止するために必要な注意を尽さなかつた過失の存在を推定した規定と解すべく、したがつて事業主において右に関する注意を尽したことの証明がなされない限り、事業主もまた刑責を免れ得ないとする法意と解するを相当とする。それ故、両罰規定は故意過失もなき事業主をして他人の行為に対し刑責を負わしめたものであるとの前提に立脚して、これを憲法三九条違反であるとする所論は、その前提を欠くものであつて理由がない。

記録を調査するに、事業主たる被告人において、判示行為者らの判示違反行為につきこれを防止するために必要な注意を尽したことの主張立証の認められない本件において、被告人に所論両罰規定を適用した原判決は正当であるといわなければならない」(最判昭三二・一一・二七刑集一一・一二・三一一三)。

この判決には田中、斎藤、下飯坂の各裁判官の補足意見が附せられており、それぞれ多数意見の理由に反対している。

田中、斎藤意見は業務主責任を無過失責任とし、かつ、無過失責任を規定することは憲法に違反しないとする。曰く。「(刑法三八)条一項但書は法律に特別の規定ある場合は、故意を要しないものとし、同法八条但書は、刑法以外の他の法令においては、刑法総則と異なる特別の規定を設けることを許している。そして、本件廃止前の入場税法一七条の三は、この刑法三八条一項但書および同法八条但書の規定に基く法律であつて、刑事責任を負うのに故意も過失も必要としない規定である。すなわち、学者のいわゆる従業者の違反行為を構成要件として生ずる業務主自身の刑事責任を規定したものである。その立法理由とするところは、税法のような徴税を目的とする法律においては、業務主の業務に関し税法違反をした場合に、その違反行為をした資力の乏しい従業者だけを罰して見たところで、その取締の目的が達せられないから、その業務の主体であり、業務上の利益を受ける資力のある業務主からその業務に関し生じた税金に代る罰金を取り立てようとするにある。されば、かかる規定が憲法三九条に違反しないことは、いうまでもない。多数説は、先ず明らかに明文に反する。何よりもいけないのは、その根底において刑法三八条一項但書および同法八条但書の存在を忘却し、他の刑罰法令においても常に故意又は過失を要するものと誤解していることである」と。

下飯坂裁判官は更に詳細に反対説を述べている。まず、両罰規定の本質につき過失責任説と無過失責任説とがあるが、両罰規定にも各種の形態があるので、一概に抽象的に論断しえないとし、両罰規定の形態を述べる。第一は業務主に無過失の立証を許すもの、第二は過失責任ないしは共犯責任を問うもの、第三は本件の規定の如く免責のないものでこれが両罰規定の典型的なものとする。さて、責任なければ刑罰なしとか或いは英米法の「原因供与の原則」などは「現代の高度に発達した文明社会においてはもはや、しかく安易に受け入れられない段階にまできているのではないか」とし、民事においても責任主義の崩壊の傾向があり、上級者責任、無過失責任の是認に至っているとし、「勿論損害賠償制度と刑罰とはその根本観念を別異にするものであるが、近代の複雑な社会構造においては刑事においても、民事におけるような、いわゆる代替責任ないしは無過失責任を認めることとなしでは、到底法秩序の安定を期し得ないのであり、それが近代法の当然の要請でもあると考える」とする。更に、「私は、両罰規定の根本理念を「事業それ自体」の中に見出したいと考える。思うに現代の国家ないしは社会において、経済活動がその大部分の分野を占めていることはここに多弁を要しないが、その経済活動の多くは事業主（法人を含む）があって、その傘下に多数従業者を包擁結合し、これを一定の有機的な組織機構の下において、あたかも、一個人の事業であるかのように運営されているのである。そして、それら従業員の個々の行動は事業主の業務に関する限り、善は善なりに、または悪は悪なりに、利益も損失も、約言すればその業務実施の結果は挙げて、悉く事業主に帰属せしめられているのである。従つて従業員の当該業務に関して為して事実上の行為は同時に事業主自身の行為と看做して一向に妨げない。近代における事業というものはそうした性格のものと理解してのみ、現代の社会構造を把握できるものと私は考える。してみれば、両罰規定において、従業者の違反行為に対しては従業者個人の刑責を問うと同時に、事業主に対しても事業主としての刑責を問い得る筋合であつてここに両罰規定の合理的根拠を見出し得るものと私は信ずるのである。かように考えてくると、本件改正前の入場税法一七条の三の事業主の責任なるものは当該事業の性格自体から、当然に事業主に帰責せしめられなければならないという上叙のような趣旨の下に明定された刑責であつて、従業員の違法行為の存在だけを構成要件とし、その他の要件の附加されることを予定していない事業主独自の責任であり、いわゆる転嫁責任でもなければ、また多数意見の立論の根拠となつている監督上の過怠責任でもないのである」と論じている。なお、違憲論については、憲法三九条の「何人も、実行の時に適法であつた行為については、刑事上の責任を問はれない」とは単に事後法の禁止をうたつたにすぎないから本件に関係はないとしつつ、「いつたい、憲法は無過失（狭義）処罰（他人の行為に対して無過失責任を負う場合も含む）を禁じているのであろうか、私の見るところではそんな規定は憲法のどこにもないのである。尤も、いわゆる適式手続を規定している憲法三一条が、こうした場合、取上げられるであろうが、これとて、無過失のものを処罰することがいけないなどとは一言半句もいっていないのである。ただ、その定め方が同条章から問題とされる場合もあり得るであろうが、前示入場税法の規定が同条章に照してみても、違憲とされる余地のないことは上来説示したところによつて、すでに明瞭であろう」として、多数意見が無過失責任の違憲性を立論の前提としている点に反対している。そして最後に、「多数意見の結論が税務一般ならびに裁判の実務の上に至大の悪影響を及ぼすであろうことを思い、これに反省の機会の到らんことを望んでやまない」と結んでいる。

そこで、これらの意見について考えてみよう。田中、斎藤意見は取締の目的という見地から業務主処罰の理由は述べているが無過失処罰の根拠については触れていない。無過失処罰を肯定する論者は一般にこれによつて法規遵守の意識を高め違反防止の効果をあげうるとするのであるが、しかし、過失を責めるという意味での処罰の方が監督義務履行のより良い動機となりうることを注意せねばならない(八木・前掲七二頁)。又、業務上の利益を受ける業務主から税金に代る罰金を取り立てるもののとする点も疑問である。税金に代るものとして追徴金の制度があるのであり、罰金はあくまで刑罰であつて行政処分とは異なる。刑罰である限りは刑法の責任主義の原則によらなければならないと思う。

下飯坂意見に対しては、民事責任の客観化に対して刑事責任の主観化が近代法の特色であるといわなければならない。しかも、民事の使用者責任(民七一五条)すら使用者の過失を要件としているのである。いわんや刑事においておやである。たしかに現代における企業活動は個人的活動と大いに異なる。従つて、法人等の企業組織に対しては自ら異なる処分が考案せらるべきであろう。しかし、刑罰が科せられている限り刑事責任の観念を離れることは許されない。そして刑事において無過失責任を認めなければ法秩序の安定を期し得ないということも首肯しがたい。かかる無過失処罰を認めない諸国においても特に法秩序に不安定があるわけではない。又、「事業それ自体」の観念も明確でない。特に、単なる雇人の行為をもつて直ちに事業主の行為とすることは刑法のみならず民事の不法行為においても認められないところである。

多数意見は問題の重要性に比して言葉が簡単に過ぎたきらいはあるが、判決の立場は正当であると思う。

本件につき、法務省の高橋参事官は判旨に反対し、かつ、下飯坂意見に賛成する論説を公けにしていられる（高橋「両罰規定における業務主体処罰の原因」警研二九巻七号三頁、九号三一頁）。これに対して木村静子助教授、大塚教授の判旨に賛成せられる判例紹介がある（木村・ジュリスト二〇〇号一七四頁、大塚・ジュリスト一九六二年四号臨増二二八頁）。

続いて、同趣旨の判例として昭和三三年二月七日の小法廷判決がある。事案は機船を所有して中型機船底曳網漁業を営む被告人の使用人がその業務に関して禁止区域で操業を行つたのについて両罰規定の適用を見たものである。この判決の原判決はすでに法人の犯罪能力に関する肯定的判例として判例【21】に掲げた。上告趣意は中型機船底曳網漁業取締規定三一条の両罰規定は業務主に無過失責任を規定したもので刑罰の性質と絶対に相容れず責任の内容を故意過失とする刑法総則の規定と矛盾するとするものであり、なお、原判決が法人の犯罪能力を容認する点を判例違反であるとしている。

【52】「中型機船底曳網漁業取締規則三一条は、事業主たる人の代理人、使用人其の他の従業者が同規則二七条一項等に違反した行為に対し、事業主に右行為者らの選任、監督その他違反行為を防止するために必要な注意を尽さなかつた過失の存在を推定した規定と解すべく、したがつて事業主において右に関する注意を尽したことの証明がなされない限り、事業主もまた刑責を免れ得ないとする法意と解するを相当とする（昭和二六

年(れ)第一四五二号同三二年一一月二七日大法廷判決参照)。それ故右規則三一条によつて、事業主は無過失責任を負わされ、他人の犯罪行為につきなんら罪責なき人が処罰の対象とされるとの前提に立脚して、これを違憲立法なりとする所論は前提を欠き理由がない。

記録を調査するに、事業主たる被告人において、判示行為者らの判示違反行為につき、これを防止するために必要な注意を尽したことの主張立証の認められない本件において、被告人に対し右規則三一条の適用を肯定した原判決は結局において正当であるといわなければならない。

次に所論は判例違反を主張するけれども、引用にかかる判例は本件と事案を異にし、本件には適切でないから採用できない」(最判昭三三・二・七刑集一二・二・一一七)。

五　不作為犯説

過失推定説に対して学説上これを単純な過失犯と解する説もないではない(飯塚「従業員の価格違反と事業主の責任」日法九巻二号六四、六六頁)。しかし、現行法の規定の形式から見て(八木・前掲八四頁)、又、過失立証の困難性からして(福田・前掲五八頁)過失は推定せられていると解するのが妥当といわれている。

ところが、「過失」が推定されているという点につき木村博士の反対がある。曰く、「過失推定説は、法律が特に、業務主において、「相当の注意及び監督が尽されたことの証明があつたときは」罰しないとか、「自己ノ指揮ニ出テサルノ故ヲ以テ処罰ヲ免ルルコトヲ得ス」としていることを根拠とするのであろうが、これは注意義務違反がなかつた場合には過失がなく、作為義務違反がなければ不作為犯が成立しない旨を注意的に規定したのにとどまり、過失の推定と解すべきではない。その意味で、過失推定説は根拠がない。のみならず、もし過失推定説によると、業務主が従業者の違反行為を知つていた場合も過失による不作為犯と解すべきことになるが、そのような解釈は、故意犯と過失犯に対して同一の刑が科せられていることを看過したものであつて、不合理であり、むしろこの場合は故意の不作為犯と解すべきである。その意味で、過失推定説は合理的根拠を欠いている」と（木村・刑法総論一四七、八頁）。

高裁判例の中に不作為犯説を採ったものがある。次の判決がそれである。被告人が経営していた映画館における催物に関し従業員が入場税を逋脱した事実につき両罰規定が適用されたものである。上告趣意は犯罪行為を為さない限り処罰を受けないというのは基本的人権の一であるから、行為者以外の被告人を処罰した原判決は憲法違反であるとする。判決は「法人又は人は自己の行為（不作為）を原因として処罰を受くるもの」として上告を棄却した。

【53】「国民が国家の課税権を侵害し国庫に損害を与え、又は与えんとする場合に於て過去及び将来に亘る国家の租税権を確保し公共の福祉を維持するために此等の行為を法定の要件の下に犯罪とし以てこの種の行為の予防及び鎮圧を図ることは、国家の自存上当然許容されなければならぬ事柄である。入場税法の逋脱犯も亦此の理によるものであつて、同法第十七条ノ三の法人又は人は事業の経営者で唯一の納税義務者であるから自己の従業者等が不正行為によつて自己の負担する入場税を逋脱しないよう、其等の者を十分に注意監督すべき法律上の義務あるものと解せられる。此の事は民法第七百十五条の精神からも正に首肯し得べきことなのである。従つて事業の経営者である法人又は人が、自己の従業者等の違反行為に対して処罰を受けるゆえんのものは、とりも直さず自己が負担したる右法律上の義務違反に対して科せられる不作為による犯罪であつて一種の責任罰と解し得るのである。若しそれ、所論の如く斯る責任罰を無効とせんか、公共の福祉に反し国家社会に及ぼす悪影響の如何に大なるかは多言を要しないところである。それ故憲法第十二条第十三条も公共の福祉に反する場合に於ては生命自由及び財産に対する国民の基本的人権もこれを制限乃至剝奪し得べきことを予期し

ているのである。されば入場税法第十七条ノ三の法人又は人は自己の行為（不作為）を原因として処罰を受くるものであり、同条は前記のように憲法の精神に違反するものでもないから論旨はこれを採用しない」（福岡高判昭二六・九・一二刑集四・九・一一五八）。

思うに、業務主責任は従業員をして違反行為なからしむべく注意監督すべき義務の懈怠を理由としている。従つて、両罰規定は業務主につき各本条の構成要件とは異なる新しい構成要件を創設している。ところがこの注意監督義務の懈怠という構成要件は二様の意味に解しうる。一つは注意監督上の作為義務を怠つたという不作為犯の意味である。この不作為犯は違反行為の発生という結果を必要としているから一種の不純正不作為犯である。かような不作為犯に故意の場合と過失の場合とがありうることは木村博士のいわれるとおりである。むしろ不作為犯は原則として故意犯である。この見地からは業務主責任を常に過失責任と解することは妥当でない。もつとも、両罰規定の（四）型と（五）型は業務主に故意があつたときは行為者として処罰するとしている。しかし、直接に違反行為に加功しないのに故意だけで行為者とするのは妥当でないから、一般の両罰規定において同様に解することはできないであろう。又、業務主に故意がある場合には違反行為をことさらに防止しないことにより結果を成立せしめたのであるから一般の不純正不作為犯の理論によつて直接各本条の構成要件に該当するものとすることも考えられる。この場合は不作為による教唆又は幇助が成立するであろう。このように考えるときは両罰規定が故意の不作為犯を規定したとすることは疑問となつてくるが、しかし、不作為犯においては作為義務が必要であることはいうまでもなく、そして業務主の注意監督上の作為義務は両罰規定によつて基礎づけられていると見るべきであるから、業務主の不作為犯の成立は両罰規定を離れては考えられない。従つて、両罰規定は業務主の不純正不作為犯を含んでいると解すべきであろう。もちろん、業務主自身が従業者の違反行為に加功すれば共犯又は共同正犯として処罰せられうることはいうまでもなく、この場合には両罰規定の適用はない。

高裁判例に物価統制令四〇条の両罰規定につき業務主に犯意がある場合には両罰規定によらずして刑法六〇条の共犯として処罰すべきであるとする判例がある。

【54】「(物価統制令第四〇条は)法人の代表者又は法人若は人の代理人使用人其の他の従業者が其の法人又は人に属する業務に関し物価統制令違反の所為を為したときは法人又は人に右違反行為につき犯意がない場合でも各本条所定の罰金刑を科せられる趣旨であつて若し本人に犯意がある場合は右第四十条によらず刑法第六十条により行為者の共犯として処罰せらるべきものである」(札幌高判昭二六・一〇・二刑集四・一一・一三六一)。

しかし、単に故意があるだけで実行行為への加功がない場合には共犯の成立は否定すべきではなかろうか。

なお、従業者たる妻の違反行為が業務主たる夫の意思に基づくものとし業務主を直接行為者として処罰した事例がある。

【55】「原判決摘示の証拠によれば昭和二十四年四月一日被告人の妻は其の居宅で、被告人の不在中田中栄に対し、粳玄米四斗を四千六百円の代金と引換えに売渡して其の後其の代金を被告人に引渡したもので、同売渡しは被告人の意思に基いたものであることが認められる。かかる場合被告人は妻を代理人として右売買をなしたものと言うべきであつて、之を被告人が田中栄に粳玄米を売却したと表現しても、其の間何等事実誤認と言うようなものはない。被告人は自己の意思に基く妻の行為に付刑事上の責任を問われることになるのであつ

て、自己の意思に基かない従業者たる他人の行為に付責任を負わねばならない場合とは全く異なるのである」（高松高判昭二五・五・二二特一〇・一六一）。

さて、注意監督義務の懈怠には、注意義務に違反して結果を成立せしめたという過失犯の意味が含まれていることは明らかである。過失責任説はその限りにおいて正当なわけであるが、それが過失責任のみと解する点に木村博士の批判が向けられている。そして過失犯には作為の場合と不作為の場合とが含まれている。

結局、両罰規定は業務主につき不純正不作為犯と過失犯との両者を規定した複合的構成要件ではないかと考えられる。

次に、免責但書についてであるが、これはやはり一種の推定規定で、しかも二種類の推定を含むのではないかと思われる。すなわち、不作為犯における作為義務違反の推定と過失犯における注意義務違反の推定とである。そこで、但書に「相当の注意及び監督が尽されたことの証明があつたとき」とか「相当の注意を怠らなかつたことの証明があつたとき」はこの限りでないとするのは、第一に、従業員の違反行為が行われた場合には業務主の監督義務違反によるものと推定する趣旨である。そして、第二に、事業主に故意がない場合には事業主の注意義務違反が推定される。この両者のいずれにおいても事業主は積極的に義務を尽したこと又はその義務を限界づける「可能性」が存在しないことを証明して処罰を免れることができる。もちろん、故意が証明されたときは故意の不作為犯であつて、過失の推定は及ばない。

次に、法人の場合を考えてみると、法人の犯罪能力を認めないときは不作為犯も過失犯もありえないから、法人の責任は他人の行為による無過失的処罰ということになる。そして、これが今日においても判例の見地である。

これに反して、法人の犯罪能力を肯定する場合においては法人の機関の行為は法人の行為となる関係から両罰規定は更に二つの場合を包含していることになる。すなわちその一は、一般の従業者の違反行為についいては自然人たる業務主と同じ不作為犯又は過失犯が成立する。監督上の義務を果したか否かは代表機関につき決定すればよい。その二は、法人の代表者が違反行為をする場合で、これは法人自身の各本条違反と考えられる。両罰規定は法人が犯罪能力を有することを単に注意的に規定したにすぎないものとなる。

六　業務主処罰の独立性と従属性

一　業務主処罰と両罰規定の適用

業務主の処罰は従業員等の各本条違反行為とは異なるところの注意監督義務違反という新しい構成要件に基づくものであるから、業務主の処罰には両罰規定の適用が必要となる。

次の最高裁判決及び高裁判決はこの趣旨を示している。

【56】「原判決が判示第一事実において被告人の事業者としての責任を認めながら、その適条においては、物価統制令第三三条を挙示するのみで同令第四〇条を適用せず、罰金刑を選択しているのは、法令の適用を誤

つた違法があるものといわなければならない。この点において論旨は、理由があり原判決は破棄を免れない」（最判昭二六・九・四裁判集刑五二）。

【57】「原判決は被告会社の代表者佐藤花雄が同会社の業務に関し被告会社製造にかかる衣料品を割当証明書と引換えないで譲渡した事実を認定し、これを臨時物資需給調整法第一条、第四条衣料品配給規則第五条に問擬処断しているが、所論のように右臨時物資需給調整法第六条については、判文上何ら適用を示した形跡がない。

しかし刑罰法令において事実行為者たる自然人を処罰するの外更に行為者に非ざるものを処罰するのは、特殊の立法理由に基ずく例外的措置であつて、右臨時物資需給調整法第六条はまさにかかる特殊例外的規定に外ならず、この規定なくしては当然には法人を処罰することはできないのである。そもそも有罪の判決については罪となるべき事実等の外に法令の適用を示すべきこと刑事訴訟法第三百三十五条第一項の明定するところであつて、本件における如く、行為者たる自然人に非ざる法人を処罰するような場合には、前記臨時物資需給調整法第六条は単にこれを実質的に適用するに止まらず、判文上これが適用を明示するの要あること右刑事訴訟法第三百三十五条の趣旨に鑑み、殆んど疑なきところというべく、従つて何らこれを示すことなくして被告会社を処罰した原判決はまさに附すべき理由を欠くものといわざるを得ない」（大阪高判昭二五・二・二一特六・一四四）。

両罰規定の適用例として次のような大審院判例がある。

【58】「輸出入品等ニ関スル臨時措置ニ関スル法律第七条ニハ「法人ノ代表者又ハ法人若クハ人ノ代理人、使用人其ノ他ノ従業者カ其ノ法人又ハ人ノ業務ニ関シ前三条ノ違反行為ヲ為シタルトキハ行為者ヲ罰スル外其ノ法人又ハ人ニ対シ亦前三条ノ罰金刑ニ処ス」ト規定シアリテ会社ノ代表者使用人等カ会社ノ業務ニ関シ違反行為ヲ為シタルトキハ其ノ行為者ヲ罰スル外会社ニ対シ所定ノ罰金刑ヲ科スル趣意ナルコト明ナリ而シテ原判決ノ判示（一）ノ事実ハ被告人会社ノ代表者タル被告人甲使用人タル被告人乙ニ於テ会社ノ業務ニ関シ共謀ノ上判示違反行為ヲ為シタルモノ判示（二）ノ事実ハ被告人会社ノ使用人タル被告人乙カ会社ノ業務ニ関シ判示

違反行為ヲ為シタルモノト認メ又被告会社ハ右等ノ者カ違反行為ヲ為シタルノ故ヲ以テ右第七条ニ則リ所定ノ罰金刑ニ処スヘキモノナル旨判示シタルモノニシテ原判決ノ判示事実トシテ毫モ欠クル所ナク理由不備又ハ擬律錯誤ノ不法存セス」（大判昭一四・四・一四庵、神宮経済統制判例集二五、判例体系（経済統制法総論）七五）。

【59】「因テ案スルニ所論法律第七条ニハ法人ノ代表者又ハ法人若クハ人ノ代理人使用人其ノ他ノ従業者カ其ノ法人又ハ人ノ業務ニ関シ前三条ノ違反行為ヲ為シタルトキハ行為者ヲ罰スルノ外其ノ法人又ハ人ニ対シ亦前三条ノ罰金刑ヲ科スト規定セルカ故ニ被告人竹田篤ノ判示第二、第三ノ所為ニ付被告人椎野政治及被告会社ヲ処罰スルニハ右法律第七条ノ外第五条第二条等ヲモ併用スルノ適正完璧ナルコト洵ニ所論ノ如シト雖モ原判決ノ法律適用ヲ看ルニ被告人竹田篤ノ判示第二ノ各所為及第三ノ各所為ハ夫々右法律第二条第五条第七条揮発油及重油販売取締規則第二条ニ該当シ被告人椎野ニ対シテハ其ノ営業ニ関シ使用人タル被告人竹田篤判示第二ノ違反行為ヲ為シ（之ニ付被告人竹田篤ニ擬律シタル法条ハ上記ノ如シ）タルヲ以テ前記法律第七条ニ則リ同法律第五条所定ノ罰金刑ヲ科スヘク被告会社ニ対シテハ其ノ営業ニ関シ使用人タル被告人竹田篤カ判示第三ノ違反行為ヲ為シ（之ニ付被告人竹田篤ニ擬律シタル法条ハ上記ノ如シ）タルヲ以テ前記法律第七条ニ則リ同法律第五条所定ノ罰金刑ヲ科スヘキ旨説示シアリテ之ニ依テ被告人椎野政治及被告会社ニ対スル営業者トシテノ処罰ノ率由スル法条ヲ挙示シタル趣旨ナルカ故ニ原判決ニハ所論違法存スルコトナシ」（大判昭一五・一二・二新聞四六四八・九）。

犯意ある業務主につき両罰規定を適用せず各本条と共犯例によるとする高裁判例の妥当でないことは前章に述べたとおりである。

次の大審院判例は転嫁罰規定につきその適用を明示する必要なしとしているが、今日ではこれは妥当とせられえないことというまでもない。

【60】「明治三十三年法律第五十二号第一条ニ法人ノ代表者又ハ其ノ雇人其ノ他ノ従業者法人ノ業務ニ関シ租税及葉煙草専売ニ関スル法規ヲ犯シタル場合ニ於テハ各法規ニ規定シタル罰則ヲ法人ニ適用ストアルハ総則

的規定ニ過キサルヲ以テ裁判所カ擬律ヲ為スニ当リ該法規ヲ適用シテ判決ヲ為シタルコトノ認メラルル以上ハ特ニ其ノ法条ヲ判文ニ明示セサルモ之ヲ以テ不法ナリト謂フヲ得ス原判決ハ法人タル被告会社ノ雇人カ其ノ会社ノ業務ニ関シ金員ノ受領ヲ証明スヘキ会社名義ノ為替尻受入副報告書及通知書ト題スル受取書ヲ作成交付シナカラ相当印紙ヲ貼用セサル事実ヲ認定シ之ヲ印紙税法ニ問擬スルニ当リ叙上ノ法規ニ則リ法人タル被告会社ヲ処罰シタルモノナルコトハ原判文ヲ通読シテ自ラ明カナルヲ以テ論旨ハ理由ナシ」（大判大一四・五・二三 刑集四・三一九）。

二　業務主処罰の独立性

両罰規定においても業務主と行為者とを常に双方とも処罰せねばならないわけではない。両者の処罰はそれぞれ独立になされうる。これは両者がそれぞれ別個の犯罪によつて処罰せられるとする最近の判例の見地からすれば当然のことであるが、判例は、両者が「同一罪責ノ下ニ処罰セラルル」とした時代からすでにこのことを認めていた。

次の判例は会社を起訴せず行為者のみを起訴することもできるとしたものである。

【61】「判示事実ヲ其ノ証拠ト対照スレハ判示取引ノ当事者カ合名会社内田久次郎商店ニシテ被告人ハ単ニ同会社ノ従業員トシテ会社利益ノ為ニ該取引ノ掌ニ当リタルモノニ過キサリシ事実ヲ推知シ得ヘク斯ノ間ニ理由齟齬ノ違法アリト認メ難ク斯ル場合会社モ共ニ起訴セラルヘキヲ通例ト為スモ会社ニ対スル公訴提起ノ有無ハ何等被告人ノ刑責ニ消長ヲ及ホスヘキ筋合ノモノニ非サルヲ以テ原判決カ之ニ対シ理由ノ説明ヲ為ササリシハ当然ニシテ原判決ニ理由不備法則違反其ノ他所論ノ違法アリト謂フヘキニ非ス」（大判昭一五・九・二六 新聞四六二五・一三）。

同様に、行為者が死亡して公訴棄却の裁判があつても、法人に対して刑責を追求しうるとする判例がある。事案は会社の役員が会社のために超過価格買入を為した後死亡したが、その死亡後に会社が右違反行為に基づいて起訴され原審において有罪の言渡を受けたものである。

【62】「按スルニ刑事訴訟法上行為者死亡スレハ公訴権消滅スト為スハ最早該行為者ニ対スル実体法上ノ刑事責任ヲ追究スルヲ得スト謂フニ止リ之レカ為ニ該行為ニ付他人ノ負フヘキ刑事責任ヲ消滅セシムルモノニアラス国家総動員法第四十八条ハ法人ノ業務ニ関シテ違反行為ヲ為シタル行為者ト離レ取締上之レト別個ニ法人ニ対シテ刑事責任ヲ認メタルモノニシテ此ノ責任タルヤ行為者ノ死亡ニ因リ左右セラルル所無キハ勿論行為者ニ対スル公訴権ノ消滅ニ因リテモ何等ノ影響ヲ受ケサルモノナルコト固ヨリ云フヲ俟タサル所ト謂フヘク唯行為者死亡スレハ法人ニ対スル右刑事責任ヲ究明スルニ当リ実際上多大ノ不便乃至ハ困難ヲ来スコトアランヤモ知レサル場合アルニ過キス然レトモ此ノコトアルノ故ヲ以テ法人ノ刑事責任ヲ追究スヘカラスト為スノ理拠アルコトナシ故ニ縦令行為者死亡シ之レニ対シテ公訴棄却ノ裁判アリタレハトテ法人ニ対シ適法ナル公訴ノ提起之レ有ル限リ之レニヨリ法人ノ刑事責任ヲ追究スルコトヲ得ルハ固ヨリ理ノ然ル所ナリトス今本件ニ付之ヲ観ルニ被告人会社ハ其ノ使用人タル斉藤昇カ被告人会社ノ業務ニ関シ国家総動員法違反ノ所為ヲ為シタリトシテ右斉藤昇ト共ニ適法ニ公訴ヲ提起セラレタルトコロ同人ハ事件繫属中ナル昭和十六年十月二十六日死亡シタル為原審ハ之レニ対シ公訴棄却ノ決定ヲ為シ他方被告人会社ニ対シテハ国家総動員法第四十八条ノ規定ニ基ク責任ヲ究明シテ審理判決ヲ為シタルモノニシテ原審ノ採リタル手続措置ハ固ヨリ相当ニシテ之レニ何等ノ違法ノ跡ノ認ムヘキモノアルコトナシ然モ被告人会社ニ対スル原判決認定ノ事実ハ原判決挙示ノ証拠ニ依リ優ニ之レヲ証明シ得ヘク記録ニ徴スルモ原判決ニ重大ナル事実ノ誤認アルコトナシ論旨理由ナシ」（大判昭一七・八・五刑集二一・三四四）。

美濃部博士は本判決に関連して「行為者ヲ罰スルノ外」とあるのは、行為者が処罰に該当する場合にはこれを処罰する外に事業主をも処罰するということで、事業主を処罰するために必ずしも従業者を共に処罰することを要件とするものではないとせられている（美濃部・経済刑法の基礎理論二七、八頁）。もとより正当である。

小野博士も本判決の批評において、「業務主の責任は法律上他人の行為に因る責任なのであるが、しかし其の理念としては従業員の行為に対する監督不行届の責任を負ふのである。だから従業員の責任と業務主の責任とは本質的に別個のものであり、其の内容において同一のものでないのみならず、亦必ずしも両者其の運命を倶にすべきものでもない」として判旨正当とせられている（小野・刑評五巻一四九頁）。

最高裁判決の中にも同旨のものがある。次の判決の事案は燐寸製造会社の製造場工場長が燐寸の移出数量につき虚偽の物品税課税標準申告書を提出し、不正に物品税を逋脱したというのである。原審は両罰規定による法人の処罰には行為者の処罰を必要としないとしたのに対し、上告趣意は原審は法人の犯罪能力を認めているようであるから判例違反であること、更に、「両罰規定の存在理由は法人の事務を実際に執行する者が適正な賠償を為し得ない場合、法人も共に起訴しない限り、不法な行為に対する効果的な取締方法がない場合に実効を期待するに在り、行為者が罰せられることなく法人のみが罰せらるべきものではない。換言すれば、行為者が罰せられるという理由が法人処罰の合理的根拠とならねばならない」と主張した。

【63】「物品税法二二条により法人を処罰するには、その代表者又は従業者がその法人の業務に関し同条所定の違反行為をしたことが証明されれば足り、行為者が処罰されることを要件とするものでないとした原審の解釈は正当である」（最判昭三一・一二・二二刑集一〇・一二・一六八三）。

高裁判例にも同旨のものがある。次の判決の事案は、澱粉及び飴の製造販売会社の代表取締役が会社の使用人と共謀の上製品の移出を正規帳簿に記載せず所定の申告書を提出しないで物品税を逋脱したものである。弁護人は両罰規定につき「行為者の処罰があって尚使用者を処罰することを意味し、行為者を処罰せざる場合は使用者を処罰するに由なきもの」とし、これに反する原審を不法として控訴した。

【64】「両罰規定に関する主張について按ずるに、原判決が原判示第一乃至第三の事実につき、物品税法第二十二条を適用して被告会社を処罰していることは所論のとおりであるが、同条は法人の代表者又は法人若しくは人の代理人、使用人その他の従業者がその法人又は人の業務又は財産に関し同法第十八条乃至第二十条の違反行為をしたときは行為者を罰する外その法人又は人に対しても各本条の罰金刑を科することとしたものであつて行為者の違反行為が存する以上、もとより行為者を処罰しない場合においてもその法人又は人を処罰することを妨げないものというべく、したがつて所論のごとく、行為者を処罰しない場合は使用者を処罰するに由なきものということはできない。この点に関する所論は到底採用し難い」（東京高判昭三〇・九・六刑集八・六・八八三）。

刑の量定についても業務主と行為者が独立であることはいうまでもない。次の判決は輸出入品等臨時措置法違反事件につき原審において業務主と行為者が同一の刑に処せられたのに対し、行為者には前科があるからこれと同一の刑を事業主に科するのは不当であるとする主張を排除した判決である。

【65】「業務主カ従業員ノ違反行為ニ対シ責任ヲ負担スル場合ニハ罰金刑ノミヲ科スヘキ制限アルニ止リ業務主ト従業者トノ科刑ニ付テハ夫々諸般ノ犯情ヲ斟酌シテ各別ニ量刑スヘキコト当然ナレハ其ノ結果或ハ両者ノ科刑全然異ルモ将又全然同一ナルモ何等怪シムニ足ラサルモノトス」（大判昭一六・八・二〇新聞四七二五・二〇）。

特殊な場合ではあるが、政治資金規正法二三条二項に団体又は支部の代表者若しくは主幹者を併せて処罰しうるとある規定につき代表者等の処罰に団体が現実に処罰されることを要件としないとする判例がある。

【66】「（政治資金規正）法第二十三条二項の罰則は、前項の場合には、併せてその団体又はその支部の代表

者若しくは主幹者その他の責任者を処罰することができる旨を定めているが、右規定の趣意は代表者等を処罰するには必ずその前提要件として団体等が現実に処罰されることを要するという意味ではなく、団体等に違反があつた場合にはその代表者等の責任者をも罰することができるものとしてこれ等のものの特段の注意を期待し本法の取締目的に万全を期したものと解するのを相当とする」（札幌高判昭二九・四・一七刑集七・三・三九一）。

三　業務主処罰の従属性

業務主の犯罪は従業者の違反行為がなければ成立しない。換言すれば、業務主の注意監督上の不作為又は過失は従業者の違反行為をその構成要件的結果として含んでいると考えられる。前出の判例においても従業者の違反行為を要件とすることを明言するものが多数存在する。

次の最高裁判決は、行為者に無罪の言渡しをする場合には事業主たる会社に対しても無罪の言渡しをするものとする。

【67】「被告若鶴酒造株式会社は、同会社取締役社長被告人稲垣小太郎が会社の業務に関してなした物価統制令違反行為に連坐するほか、同会社常務取締役の原審相被告人稲垣併二が会社の業務に関してなした㈠物価統制令違反㈡臨時物資需給調整法違反の両行為についても連坐すべきものとして起訴されたのであるところ、原判決は被告人稲垣併二に対し右公訴事実につきいずれも犯罪の証明がないとして無罪の言渡をしたのであるから、被告会社に対しても右両行為につき無罪の言渡をしなければならなかつたのである。蓋し物価統制第四〇条によつて法人の代表者、従業員等が同条に定められた違反行為をなした結果、法人が処罰せらるる場合には、代表者従業員等と同一罪責のもとに処罰せられるものである以上、代表者、従業員等が無罪であれば、法人も責を負わないことは理の当然である。しかるに原判決は理由において「右㈡の事実にもとずく被告若鶴酒造株式会社の臨時物資需給調整法違反の公訴事実について犯罪の証明がなく」と説示して主文に「被告若鶴酒

造株式会社の臨時物資需給調整法違反の点は無罪」と言渡したけれども㈠物価統制令違反関係については、その言渡しを欠いているのである。即ち判決理由においては、被告若鶴酒造株式会社の㈠物価統制令違反行為が無罪であることを説示しながら、主文において無罪の言渡をしなかつた違法があり、破毀を免れない」（最判昭二七・八・五裁判集刑六七）。

それでは業務主の犯罪が成立するためには従業者の違反行為は犯罪として完全に成立していなければならないであろうか。行為者の処罰のために行為者において犯罪の成立が要件とされることはいうまでもないが、業務主の処罰の場合は事情がやや異なるのではなかろうか。転嫁罰規定においては行為者自身の犯罪の成立については特に問題とされなかつた。そして、美濃部博士の如く国家に対する関係においては業務主のみが業務者であり、業務主のみが犯罪の主体たり得るものと解すれば、行為者については身分がないから構成要件該当性すらないことになる。美濃部説を採らないとしても各本条の構成要件が業務主の特殊の身分を必要としているときはこの身分のない行為者の行為は構成要件に該当しない。そうすると転嫁罰規定においても行為者の「犯罪」を業務主に転嫁するとはいえない筈であり、そして、後に、両罰規定により、行為者が処罰せられることになつても、業務主に対する関係においては変化がない。

そこで、業務主に対する関係においては行為者の「違反行為」は完全な意味での犯罪たる必要はなく、行為が各本条の構成要件該当で違法でさえあればよいと解しえられないであろうか。業務主の監督不行届の犯罪におけるその構成要件的結果としてはそれで十分であると思う。責任は行為につき行為者人格に対してなされる法的・社会的非難であつて、それは行為者自身にこそ関係すれ、他の犯罪の主体たる業務主とは何らの関係がないからである。

このような見地から責任無能力者の違反行為についても、又、期待不可能等により責任のない行為者についても業務主の犯罪は成立すると解することができるのではないかと思う（同旨、福田・行政刑法五七頁）。この意味で業務主の犯罪は従業者の構成要件該当で違法な行為に従属するといつてもよい。

これに関して、最近の判決に興味あるものがある。原審が、失業保険料不納付罪につき期待可能性なしとした事案につき、不納付罪の作為義務を基礎づける「可能性」が存在せず、従つて構成要件が欠如するとして無罪とし、従つて、会社をも無罪とするものである。

【68】「なお、念のため、本件に関する失業保険法の適用に関する当裁判所の意見を附加する。失業保険法（昭和二四年法律八七号による改正前のもの）三二条は「事業主は、その雇用する被保険者の負担する保険料を納付しなければならない」と規定し、同条の規定に違反した者に対する罰則規定として、同法五三条は、事業主が同条二号の「第三十二条の規定に違反して被保険者の賃金から控除した保険料をその納付期日に納付しなかつた場合」に該当するときは、六箇月以下の懲役又は一万円以下の罰金に処することを定め、同法五五条は、法人の代表者又は法人若しくは人の代理人、使用人その他の従業者が、その法人又は人の事業に関し、前記の違反行為をしたときは、行為者を罰するの外、その法人又は人に対し、前記本条の罰金刑を科する旨を定めている。そして、右五三条が、右五五条により本件のごとき法人又は人の代理人、使用人その他の従業者に適用せられる場合の法意を考えてみるに、五三条二号に「被保険者の賃金から控除した保険料をその納付期日に納付しなかつた場合」というのは、法人又は人の代理人、使用人その他の従業者が、事業主から保険料の納付期日までに被保険者に支払うべき賃金を受けとり、その中から保険料を控除したか、又はすくなくとも事業

主が保険料の納付期日までに、右代理人等に、納付すべき保険料を交付する等、事業主において、右代理人等が納付期日に保険料を現実に納付しうる状態に置いたに拘わらず、これをその納付期日に納付しなかつた場合をいうものと解するを相当とし、そのような事実の認められない以上は、事業主本人、事業主が法人であるときはその代表者が、五三条二号、五五条により三二条違反の刑責を負う場合のあるのは格別、その代理人、使用人その他の従業者についていては、前記五三条に規定する犯罪の構成要件を欠くものというべきである。しかるに、原審が引用し、そしてそれを是認した第一審判決の認定事実によれば、「被告人林宏が、被告人会社の代理人として、判示の如く納付期日に右保険料を納付しなかつたのは、本件発生当時の被告人会社の経理状況が終戦後のインフレーションと統制経済による原料価格と、製品価格との不均衡、過剰従業員による人件費の増大等に基く事業採算の困難、一般生計費の高騰に基因する従業員の賃上要求による長期間のストライキから生じた生産低下等により、唯さえ経理の困難さが存在したのに、之が延いては金融機関よりの融資の円滑を妨げる材料となり、益々経理状況に悪化を加えられていた事情もあつて、被告人会社の本店からの送金が遅れていた反面、前記工場長たる被告人林宏の自由裁量を許される手許資金もなく、又独自の権限で融資を受ける方法等もなかつた状態の下に起つたことが認められる」というのであつて、右のような事実関係の下においては、被告人会社は、その代理人たる被告人林宏に、本件保険料をその納付期日までに交付したことも認められず、その他被告人会社において被告人林宏が、右保険料を納付期日に現実に納付しうる状態に置いたことも認められない。しからば、被告人林宏が本件保険料をその納付期日までに納付しなかつたとしても、それが失業保険法三二条違反として、同法五三条二号、五五条に該当するものと認められないことは、既に説示した同条項の法意に照らし明らかであつて、被告人林宏は、犯罪構成要件を欠き無罪たるべきものであり、行為者たる同被告人が無罪である以上、被告人会社も同法五五条の適用を受くべき限りでなく、これまた無罪たるべきものである。原判決は、その理由において当裁判所の判断と異なるところがあるが、その結論は結局正当たるに帰する」（最判昭三三・七・一〇刑集一二・一一・二四七一）。

この場合、原審の如く期待可能性なしとした場合には会社については必ずしも直ちに無罪の判断は導かれないのであつて、会社自体について監督義務が尽されたか否かの点が問題とされることになる。しかし、本件について納付が可能でなかつたことは判例のいうように構成要件を阻却するものと考えるべきであり、従つて会社についても犯罪が成立しない。

ところで、業務主処罰のために行為者の故意が必要であるとする多くの判例が存在する。次の判決は転嫁罰規定に関するものでその一部はすでに掲げたものである。

【69】「按スルニ行政上ノ取締ヲ主眼トスル罰則ト雖モ明文ヲ以テ特ニ其犯罪ノ成立ニ付キ犯意ヲ必要トセサル旨ヲ一般的ニ規定スルカ若クハ各犯罪ニ対スル規定上其成立ニ犯意ヲ要セサルコト明確ナル場合ニ非サル限リハ一般刑法ノ原則ニ遵ヒ犯意ナキ行為ハ之ヲ処罰セサル趣旨ナリト解スルヲ相当トス所論肥料取締法ハ刑法公布後ノ制定ニ係リ同法第三十八条第一項前段ノ「罪ヲ犯ス意ナキ行為ハ之ヲ罰セス」トノ規定ニ対シテ除外例ヲ設ケタル趣旨ノ認ムヘキモノナク又肥料取締法第九条各号ノ規定ノ如キハ犯意ヲ必要トセサル趣旨ノ視ルヘキモノナケレハ刑法第八条前段ニ従ヒ同法第三十八条第一項ノ本則ニ依ルコトヲ要スルヤ疑ヲ容レス而シテ肥料取締法第十二条ニ於テ肥料営業者カ営業ニ関シ成年者ト同一ノ能力ヲ有セサル未成年者又ハ禁治産者ナルトキハ法定代理人ニ営業者ニ対スル同法ノ罰則ヲ適用スヘキ旨ヲ規定セルハ肥料営業者カ同法第十三条ニ依リ其代理人戸主家族同居者雇人等ノ為セル其業務ニ関スル犯罪ニ付責ヲ負フヘキ場合若クハ営業ニ関シ成年者ト同一能力ヲ有セサル未成年者又ハ禁治産者カ自ラ営業ニ関シ犯罪ヲ為シタル場合ニ於テ其法定代理人ヲシテ代リテ刑責ヲ負担セシムルノ趣旨ヲ明示シタルニ過キス犯意ヲ必要トセサル罪ヲ除キ未成年者又ハ禁治産者タル営業者又ハ右営業者ノ代理人戸主家族同居者雇人等ノ犯意ナキ営業ニ関スル行為ニ付キテモ仍ホ其法定代理人ニ刑責ヲ帰セシムルノ法意ニ非ス」（大判大五・六・八刑録二二・九一九）。

次の判決は業務主処罰に関する事案ではないが転嫁罰規定と行為者の故意との関係を論じている点で興味がある。

【70】「因テ按スルニ度量衡法中ニ規定セル諸般ノ命令事項ニ付キテハ当該業務主ニ於テ其責任ヲ負担スヘク而シテ若シ業務主カ成年者ト同一ノ能力ヲ有セサル未成年者又ハ禁治産者ナルトキハ業務主ノ法定代理人ニ於テ其責任ヲ負担スヘキモノニシテ業務主ノ代理人戸主家族雇人其他ノ従業者カ該法規ニ違背スル行為ヲ為シタル場合ハ業務主ハ自己ノ指揮ニ出テサルノ故ヲ以テ其責任ヲ免脱セラル可キモノニ非ス何トナレハ此等業務ニ関スル行為ニ付キテハ其業務主ヲ以テ責任ノ主体ト為スニ非スンハ到底行政上ノ取締ヲ全フスルコト能ハサレハナリ度量衡法第十六条ノ規定アル所以ナリトス然レトモ是レ唯タ上告人所論ノ如ク現実其行為ヲ為シタル者ト其刑責ヲ負担スヘキモノトカ必スシモ同一ノモノタルコトヲ要セサルコトヲ規定シタルニ過キサルモノニシテ現実其違反行為ヲ為シタル者ニ故意ノ存在ヲ必要トセサルコトヲ規定シタルモノト解スヘカラサルナリ是ヲ以テ刑法第三十八条第一項ニ依リ度量衡法ニ於テ特ニ犯罪ノ成立ニ付キ故意ヲ必要トセサル旨ノ規定ヲ存スルカ若クハ其法規ノ条文上故意ヲ要セサルノ趣旨明瞭ナル場合ニ非サル限リハ刑法一般ノ原則ニ従ヒ犯意ナキ行為ハ之ヲ処罰セサルノ趣旨ナリト解スヘク而シテ度量衡法第八条第十三条ノ制裁ニハ行為者ノ故意ヲ要セサル旨ノ規定ヲ設ケタルモノナク又其趣旨ニ解スヘキ条文一モ之ナキヲ以テ叙上一般ノ原則ニ依リ犯意ヲ要スルモノト謂ハサルヘカラス」（大判大五・六・一五刑録二二・九九二）。

これと同様の事案につき、次の判決がある。

【71】「飲食物防腐剤取締規則中ニ規定セル諸般ノ命令事項ニ付キテハ当該業務主ニ於テ其責任ヲ負担スヘク而シテ若シ業務主カ成年者ト同一ノ能力ヲ有セサル未成年者又ハ禁治産者ナルトキハ業務主ノ法定代理人ニ於テ其責任ヲ負担スヘキモノニシテ業務主ノ代理人戸主家族雇人其他ノ従業者カ該法規ニ違背スル行為ヲ為シタル場合ハ業務主ハ自己ノ指揮ニ出テサルノ故ヲ以テ其責任ヲ免脱セラル可キモノニ非ス何トナレハ此等業務ニ関スル行為ニ付キテハ其業務主ヲ以テ責任ノ主体ト為スニ非スンハ到底行政上ノ取締ヲ全フスルコト能ハサ

レハナリ是レ飲食物防腐剤取締規則第七条ノ規定アル所ナリトス然レトモ是レ唯タ上告人所論ノ如ク現実其行為ヲ為シタル者ト其刑責ヲ負担スヘキモノトカ必スシモ同一ノモノタルコトヲ要セサルコトヲ規定シタルニ過キサルモノニシテ現実其違反行為ヲ為シタル者ニ故意ノ存在ヲ必要トセサルコトヲ規定シタルモノト解スヘカラサルナリ是ヲ以テ飲食物防腐剤取締規則ニ於テ特ニ犯罪ノ成立ニ付キ故意ヲ必要トセサル旨ノ規定ヲ存スルカ若クハ其法規ノ条文上故意ヲ要セサルノ趣旨明瞭ナル場合ニ非サル限リハ刑法一般ノ原則ニ従ヒ犯意ナキ行為ハ之ヲ処罰セサルノ趣旨ナリト解スヘク而シテ飲食物防腐剤取締規則第二条第六条ノ制裁ニハ行為者ノ故意ヲ要セサル旨ノ規定ヲ設ケタルモノナク又其趣旨ニ解スヘキ条文一モ之レナキヲ以テ叙上一般ノ原則ニ依リ犯意ヲ要スルモノト謂ハサルヘカラス然レトモ原判文ニハ被告ハ酒類販売業ニシテ大正四年十月二十一日頃ヨリ同月二十三日頃迄防腐剤フオルムアルテヒツトヲ使用シタル清酒一合壜詰三十六箇ヲ販売ノ目的ヲ以テ肩書ノ居宅店頭ニ陳列シタル旨判示シアリテ判文簡約ニ失スルノ嫌ナキニ非スト雖モ被告カ右清酒ニ防腐剤ヲ使用シアル事実ヲ知リナカラ店頭ニ陳列シタル趣旨ナルコトハ判文ヲ通読シテ之ヲ認ムルニ難カラサルヲ以テ判決理由ニ不備アルモノトシテ原判決ヲ破棄スルノ理由ト為スニ足ラス」（大判大五・六・一五刑録二二・九七七）。

美濃部博士は判例に反対して次のようにいわれる。法律が「自己ノ指揮ニ出テサルノ故ヲ以テ処罰ヲ免ルルコトヲ得ス」と明言していることによつても故意を要するものでないことは明らかである。刑法三八条一項は科罰せらるべき本人に犯意がなかつた場合をのみ意味するもので、業務主の処罰に従業者の故意を要件とするの如きは刑罰法の基本原理を無視するものである。行為者が過失により違反を犯した場合でも事業主は当然罪責を負うべきであり、そしてこれは両罰規定においても異なるところはない、と（美濃部・経済刑法の基礎理論二六頁）。

故意過失をもつて責任の要素と解するならば、行為者の故意・過失は「違反行為」とは無関係であるから業務主の処罰が可能となるかも知れない。しかし、今日では故意過失は構成要件の要素と解せられて来ている。各本条の違反行為が故意を要件としている場合には過失による違反は当該法条の構成要件該当性を欠いており、従って、業務主についても構成要件的結果を欠くものと考えなければならないであろう（同旨、福田・五七頁）。但し、行政法規の罰則が過失を含むか否かは個別的に決定せねばならないが、行政取締法規の性質上、これをかなり広く認める必要があるのではないかと思う。例えば、届出をしないというような不作為犯についてはその構成要件は故意犯と過失犯の双方を含んでいると見てよいのではないかと思う。

従業者に責任能力がない場合にも業務主の犯罪は成立すると解せられる。被用者の責任能力及び故意過失の問題については民法第七一五条の使用者の責任についても議論がある。多数説及び判例は被用者の加害行為も不法行為の一般的要件を備えることを必要としているが、故意過失、責任能力を必要としない説も存在する（服部「法人の不法行為能力」損害賠償責任の研究中巻五三四頁参照）。民法七一五条についても被用者の故意又は過失により損害を生ぜしめたことをもつて足り責任能力を必要としないと解しうるのではないかと思う。

四　業務主の罪数

業務主犯罪と従業者の犯罪が別個独立のものであれば罪数についても当然両者を別個に考慮せねばならないところである。しかし、大審院は業務主責任を他人の行為による無過失責任とする見地から業務主の罪数は行為者と全然同一であるとしている。

次の判決は行為者について連続犯が成立するときは、たとえ、その中間に業務主について確定判決が存在しても、同じく連続犯が成立するとする。事案は被告人は織物業者甲とその妻乙で、第一、甲は昭和一五年四月下旬頃に指定を受けない業者に純綿三梱を販売し、第二、乙は甲の業務に関し店員長と共謀して、(イ)昭和一五年三月四日頃タオル二百打を、(ロ)同年六月六日頃及び同月八日頃の二回タオル四百打を超過価格で販売したというものであり、甲は昭和一五年三月一二日詐欺罪で有罪判決を受け確定している。原審は乙につき(イ)(ロ)を国家総動員法、価格統制令違反の連続犯とし、甲につき第一と第二の(ロ)を併合罪とし、第二の(イ)を前記確定裁判を経た罪と併合罪とした。

【72】「上告趣意書第三点原判決ハ被告ノ処罰ニ不法アリ原判決判示第一ノ事実ハ被告ノ行為ナルモ第二事実ハ妻ノ行為ニシテ被告ハ法ニヨリ之ニ連坐サレテ御処罰ヲ受クルモノ其ノ御処罰モ金刑ナリ其ノ金刑モ一ニシ二ツナシ然ルニ原判決ハ被告妻ノ行為ヲ(イ)(ロ)ニ分ケ之ヲ継続ノ行為一罪ト見ナカラ被告ニ(イ)ニ付三百円(ロ)ニ付六百円ノ金刑ヲ加ヘ居レリ這ハ一刑シカ科シ得サルニ拘ラス二刑科シタルモノニシテ不法ナリト云フニ在リ按スルニ国家総動員法第四十八条ニ依リ従業員カ同条列挙諸法条ノ違反行為ヲ為シタル結果其ノ主人カ処罰セラルル場合ニ在リテハ該違反行為ノ遂行ニ付主人ノ行為乃至意思ハ何等介入セス単ニ行為者タル従業員ノ違反行為ニ付主人トシテ従業員ト同一罪責ノ下ニ処罰セラルルモノナルコト同条ノ法意ニ照シ疑ヲ存セス然レハ其ノ処罰法条モ亦従業員ト全然同一ノ適用ヲ受クヘキモノナルコト勿論ナリトス然ルニ原判決ハ判示第二所為ノ法律適用ニ付被告人かづゑニ対シテハ被告人忠治郎ノ従業員滝谷時春トノ共謀ニ係リ且犯意継続ニ出テタルモノト認メ刑法第五十五条ヲ適用シテ一罪トシテ之ヲ処断シナカラ被告人忠治郎ニ対シテハ第二ノ(イ)及(ロ)ノ所為カ併合罪ノ関係ニ立ツモノト認メ各別ノ刑ヲ言渡シタルハ明カニ擬律錯誤ノ違法アルモノニシテ此ノ点ニ於テ破棄ヲ免レサルモノトス」(大判昭一六・一二・一八刑集二〇・七〇九)。

小野博士は本件判決の批評において、連続犯は確定判決によつて分断せられるとする判例の立場に立つと共に、「それが連続犯と為るか、併合罪と為るか、或は連続犯でも併合罪でもない類罪として各別に科刑されるかは一に、業務主の一身について論ずることを正しとするのである」とされ、判決に反対し、原判決の立場に賛成していられる（小野・刑評四巻三〇一、二頁）。

業務主責任を過失責任と見る今日の判例からすれば罪数は業務主の一身について決定すべきこととなるであろう。もつともこの見地から直ちに本件の場合連続犯成立せずとすることはできない。美濃部博士は過失責任説の立場に立ちながらも、本来の性質上連続一罪たるべきものが同時に起訴されたものである以上たとえその中間に他の罪による確定裁判があつてもなお連続一罪として処断すべきものとしていられる（美濃部・国家五六巻六号八三〇頁）。

次に、数人の従業者につき、各人の連続犯は業務主にとつても連続犯であるが、数人の違反行為は業務主にとつて併合罪であるとする判例がある。事実は第一、織物売買株式会社の従業員甲は昭和一五年一月より三月まで前後一一回人絹織物を超過価格で買受け、第二、同じく従業員乙は昭和一二月より翌年二月まで前後五回前記織物を超過価格で販売し、第三、同社金沢出張所主任丙は昭和一五年一月より三月まで前後三回右出張所において輸出用として所持していたジョゼットを内地向に超過価格で販売したというのである。原審は右三名の違反行為につき会社に国家総動員法四八条を適用し併合罪として処断した。上告趣旨は「営業主体タル株式会社西野商店ニトリテハ同一罪質ノ同種同型ノ行為ナルカ故ニ各従業員ノ全行為ハ西野商店ニトリテハ一個ノ連続犯ナラサルヘカラス」とする。

【73】「連続犯ハ同一罪名ニ触ルル数個ノ行為ヲ犯意継続ノ上為シタルコトヲ要スルモノナレハ其ノ成立ニハ一定ノ故意行為ヲ犯意継続ノ上為シタルコトヲ要シ従テ自己ニ於テ何等ノ行為ヲ為ササルモ数人ノ他人ノ行為ニ付キ刑責ヲ負担スル場合ニ於テハ連続犯トシテ処断シ得サルモノトス然ルニ国家総動員法第四十八条ノ規定ハ従業者ノ一定ノ行為ニ付法人又ハ人ヲ処罰スルモノニシテ所論ノ如ク法人又ハ人ニ於テ従業者ヲ雇入又ハ選任スルニ付不注意ナリシカ若ハ其ノ監督不行届ナリシコトニ付法人又ハ人ヲ処罰スルモノニ非ス従テ数人ノ従業者ノ行為ニ付法人又ハ人カ其ノ責ニ任スヘキトキハ法人又ハ人ニ於テ犯意継続ノ上為シタル故意行為存在セサルカ故ニ之ヲ連続犯トシテ処断スヘキモノニ非スシテ其ノ各従業者ノ為シタル犯罪ニ付従業者ノ数ニ応スル数個ノ犯罪ノ併合罪トシテ処断スルヲ正当トス」(大判昭一七・七・二四刑集二一・三一九)。

判決は「法人又ハ人ニ於テ犯意継続ノ上為シタル故意行為存在セサルカ故ニ」とする。しかし、連続犯は常に故意行為にのみ存在するとか、犯意の継続を必要とすると解すべきではなく、過失犯についても考えられるのであり、そして、業務主責任をこの判決と逆に過失責任と解するなら、行為者を異にしても必ずしも常に併合罪の成立ありとはいいえないことになる。ただ、本件において連続犯を認むべきか否かは疑問がないではない。小野博士は時間的、場所的及び行為の態容からいつて「同態容なる行為の時間的連続」を欠くものと見て連続犯の成立を否定すべきものとしていられる(小野・刑評五巻一四〇頁)。行為者を異にするときは業務主の併合罪とする同旨判例として次の朝鮮高等法院判決がある。

【74】「按スルニ国家総動員法第四十八条ノ採用セル所謂両罰主義ハ業務主ニ対スル関係ニ於テハ一ノ特別処罰規定ヲ設ケタルモノニシテ業務主ノ犯意ヲ要求セス只業務主ト同条所定ノ特別関係ニアル従業者ノ業務ニ関スル違反行為ニ因リ当然ニ業務主ヲ処罰スルモノナルトコロ同一罪名ニ触ルル数個ノ行為カ刑法第五十五条ノ連続犯タルニハ各行為ノ間ニ存スル犯意ノ継続ヲ必要トシ又数個ノ犯罪カ相互ニ手段結果ノ関係アリトシテ

同法第五十四条第一項後段ノ牽連犯タルニハ単ニ客観的ニ手段結果ノ関係ニアル性質ノモノナルノ外行為者ノ主観ニ於テ之等ノ犯罪ヲ手段又ハ結果トシテ相牽連セシムル意思アルヲ要シ孰レモ意思ノ連続ヲ以テ一ノ成立要件トナスコト明カナリ従テ連続犯又ハ牽連犯ハ数個ノ犯罪カ只同一人ニ依ツテ行ハレタル場合ニノミ成立シ別異ノ行為者（共犯関係アル場合ハ格別）ニ依ツテ為サレタル場合ニハ成立ノ余地ナキコト疑ヲ容レス而シテ国家総動員法第四十八条ハ固ヨリ従業者ノ違反行為カ単純一罪又ハ科刑上ノ一罪ニ該当スルトキニ限リ業務主ヲ一罪トシテ処罰スヘキ法意ナルコト勿論ナルカ故ニ業務主ノ業務ニ関シ二人以上ノ従業者カ各別ニ同条所定ノ違反行為ヲ為シタルトキハ之等ノ犯罪ヲ連続犯又ハ牽連犯ト做シ得サルコト叙上理ノ如クナル以上業務主ハ其ノ従業者ノ異ル毎ニ各別ニ其ノ責ヲ負フモノト云ハサルヘカラス本件ニ付之ヲ観ルニ被告人カ其ノ使用人某ニ於テ被告人ノ業務ニ関シ所論違反行為ヲ為シタル廉ニ依リ昭和十五年九月十四日略式命令ヲ以テ罰金五百円ニ処セラレ該命令ノ確定シタルコトハ記録上之ヲ認メ得サルニ非サルモ同事件ノ違反行為ト従業者ヲ異ニスル本件違反行為トノ間ニハ一罪ノ関係ヲ認ムルヲ得サルコト叙上説示スル所ニ依リ明カナルカ故ニ右略式命令ノ既判力ハ本件ニ及フニ由ナク被告人ハ本件ニ於テ更ニ審判ヲ受ケサルヘカラス左レハ右ト同趣旨ニ出テ本件ニ付キ審判ヲ為シタル原判決ハ正当ニシテ論旨ハ孰レモ理由ナシ」（朝高院判昭一七・三・二六法律新報六五二・一二、判例体系（経済統制法総論）七八）。

次の大阪控訴院上告審判決は行為者が数人いても、それらが共謀して単純一罪又は連続犯を犯したときは業務主についても単純一罪又は連続犯であるとし、更に、その中の一人が他に独立の犯罪を犯しても、それとさきの共謀にかかる犯罪が連続犯の関係にあればやはり一罪であるとしている。これは業務主につき数人の従業員の行為を包括して一罪とするのであるから、「主人トシテ従業者ト同一ノ罪責ノ下ニ処罰セラルルモノ」との見地から「従業者ノ数ニ応スル」数個の犯罪の成立を見る大審院の立場と一致しないといわなければならないであろう。もちろん、過失責任説の見地からはこの判決の結論が妥当である。

【75】「輸出入品等ニ関スル臨時措置ニ関スル法律第七条ノ規定ニ依リ法人又ハ人カ数人ノ従業者ノ各別ノ行為ニ付其ノ責ニ任スヘキトキハ各従業者ノ為シタル犯罪ニ付従業者ノ数ニ応スル数個ノ犯罪ノ併合罪トシテ処断スヘキモノナリト雖数人ノ従業者ノ行為カ其ノ共謀ニ係ル単純一罪若ハ連続一罪ナル場合ニ於テハ法人又ハ人モ亦単純一罪若ハ連続一罪トシテ処断スヘク此ノ理ハ右従業者中ノ一人カ共謀ニ係ル犯罪以外ニ単独犯ヲ犯シタル場合ト雖該犯罪カ右共謀ニ係ル犯罪ト連続犯ノ関係アル以上其ノ論結ヲ異ニスヘキモノニ非ス」（大阪控判昭一八・一二・一一刑集二二・二二附録、控訴院上告刑事判例集二〇三頁）。

最高裁判例にも、過失侵掘罪につき、旧鉱業法一〇四条の鉱業権者としての転嫁責任の罪数は行為者の過失侵掘行為の個数により定まるものとする次の判例がある。

【76】「本件では鉱業法施行法六〇条により被告人矢頭一郎に対しては旧鉱業法九四条二項（過失責任）を、被告人矢頭高治に対しては同条項及び同法一〇四条（鉱業権者としての転嫁責任）を、それぞれ適用処断すべきであるから、その犯罪の個数は過失に因る鉱区外の侵掘行為の個数により定まるものといわなければならない。然るに事実審で認定された事実によれば、被告人矢頭一郎が(1)福吉三坑において請負人前田勇外七、八十名をして(2)福吉七坑において請負人矢頭邦輔外約七十名をして、それぞれ判示のような業務上の注意義務を怠り隣接赤池炭坑との間隔地及び同炭坑鉱区内で侵掘するに至らしめたというのであるから、二個の過失による侵掘あること明白であつて、原審がこれを併合罪として刑法四八条二項を適用したのは当然であり原判決には所論のような違法はない」（最判昭二八・一〇・八刑集七・一〇・一八九九）。

同じく、行為者につき連続一罪を認めながら業務主たる法人に併合罪を認めた原判決を違法として破棄した次の最高裁判決がある。

【77】「所論のごとく原判決は被告人稲垣小太郎の判示第二の㈠㈡の物価統制令違反行為は犯意継続に出で

たものと認めて、昭和二二年法律第一二四号附則第四項による改正前の刑法第五五条を適用し一罪として処断しながらこれと連座する被告若鶴酒造株式会社に対しては右の行為が併合罪の関係に立つものとして罰金刑を併科処断したのである。しかし物価統制令第四〇条によつて法人がその代表者の行為について責に任ずる場合に代表者の行為が連続一罪の関係にある以上、法人もまた連続一罪として処断をうくべきものであることは大審院判例に徴するも明らかといわねばならないから（昭和一六年（れ）第一五八五号、同年一二月一八日大審院判決。昭和一七年（れ）第七五九号、同年七月二四日大審院判決参照）、原判決が、右のごとく被告人稲垣小太郎の判示第二の㈠㈡の行為を連続一罪の関係にあるものと認めたにかかわらず、これにつき物価統制令第四〇条により被告若鶴酒造株式会社を問擬するに際し併合罪として処断したのは擬律錯誤の違法あるものというべく、この点においても論旨は理由がある」（最判昭二七・八・五裁判集六七）。

五　公訴時効その他訴訟手続上の問題

業務主に対する公訴時効は両罰規定の定める罰金刑を基準にすべきか行為者の刑を基準にすべきかにつき最高裁大法廷の判決がある。

本件の事案は、株式会社の会計課長が会社の赤字救済のため取引高税を免れようと企て、会社の業務に関し昭和二三年一二月より同二四年四月迄取引高税四万余円を、昭和二四年五月中二千九百余円をそれぞれ逋脱したものである。第一審の有罪判決に対し会社のみ控訴し、時効につき、罰金刑を規定した取引高税法四一条を規準とすべきでこれを加重した四二条によるべきでないこと、会社については四八条一項の両罰規定により罰金のみ科せられること、従つて時効期間は三年ですでに起訴時(昭二八・一・二九)に時効が完成していると主張した。原審は四二条は加重規定ではない、又、所論は被告会社に言渡された罰金刑を根拠としているが、公訴時効は法定刑の最も重い刑を基準として定まるもので、処断刑や宣告刑の如きは関係がないとして論旨を排斥した。上告趣旨は、四八条は法人に対する法定刑として罰金のみを挙げており、四二条は法人に適用あるものでないとする。大法廷は上告趣旨そのものにはふれることなく、多数意見をもつて公訴時効の完成を認め破棄免訴の自判をした。

【78】「職権により調査すると、原審の是認した第一審判決は、被告会社に対し、取引高税法四八条一項、四七条本文および第一審相被告人村松堅二の同判決各判示行為について適用したと同一の法条（刑法四七条、一〇条を除く）を適用し、いずれもその所定の罰金額の範囲内で、被告会社を第一審判決主文一項掲記の各罰金刑に処したのである。

ところで、右被告会社に適用された取引高税法四八条一項の規定の趣旨は、法人の代表者または法人もしくは人の代理人、使用人その他の従業者が、その法人または人の業務または財産に関して、同法四一条ないし四四条の違反行為をしたときは、その行為者を罰するほか、事業主たる法人または人に対して、各本条の罰金刑を科する旨を定めたいわゆる両罰規定であつて、事業主たる法人または人に対しては、右四八条一項の規定が根拠となつて前記四一条ないし四四条の規定のうち罰金刑に関する部分が適用されることとなるものであることは、右四八条一項の明文により明らかである。すなわち、事業主たる法人または人は、右四八条一項により行為者の刑事責任とは別個の刑事責任を負うものとされ、その法定刑は罰金刑とされているのである。しからば、これに対する公訴の時効については、刑訴二五〇条五号により時効期間は三年であり、その起算点は、同法二五三条一項により、取引高税法四八条一項にいわゆる同法四一条ないし四四条の違反行為が終つた時と解するのが正当であるといわなければならない。そしてこのことは、右両罰規定によつて罰金刑を科せられる事業主たる法人または人の責任が行為者本人の責任に随伴するものであるからといつて、また右両罰規定における行為者の責任と事業主たる法人または人の責任とは、ともに行為者の違反行為という一個の原因に基づく両様の効果であり、しかも右法人または人と行為者とは、事業主とその従業者という一体の関係に立つものであるからといつて、その理を異にすべきものではない。一個の違反行為を原因とする二つの刑事上の責任のうち、行為者に対しては懲役または罰金の刑を科し、事業主たる法人または人に対しては罰金刑を科するものとされている場合にあつては、公訴の時効につき、行為者に科すべき刑により時効期間を定める旨の特別の規定が設けられていれば格別、しからざる以上は、事業主たる法人または人に対する公訴の時効は、これに対する法定刑たる罰金刑につき定められた刑訴二五〇条五号の規定によるほかはない。また、そのように解することが、憲法の採用した罪刑法定主義の要請にも適合する所以である。

しかるに、原審の是認した第一審判決は、挙示の証拠により、被告会社の使用人である第一審相被告人村松堅二の同判示第一の各違反行為が同判決別紙第一表記載のとおり昭和二三年一二月一日頃から同二四年四月三〇日頃までの間に、同第二の違反行為が同二四年六月九日頃に、それぞれ終つている事実を適法に認定しており、また記録によれば同年七月中旬頃静岡税務署長から被告会社あてに右各違反行為につき通告処分がなされたことが認められる。しからば、被告会社に対する公訴の時効は、右村松堅二の判示第一の各違反行為については それぞれ右第一表記載の日時に、同第二の違反行為については同年六月九日頃に進行を開始し、右静岡税務署長の通告処分によつて中断されたのである。そして、被告会社に対する本件公訴の提起は昭和二八年一月二九日であることが記録上明らかであるから、右公訴は、右通告処分があつた後刑訴二五〇条五号による三年の期間を経過し、既に公訴時効完成後に提起されたものというほかはないのであつて、これと異なる前提の下になされた第一審判決およびこれを是認した原判決は、ともに違法たるを免れず、これを破棄しなければ著しく正義に反するものと認められる。

よつて、刑訴四一一条一号により原判決および第一審判決を破棄し、同四一三条、四一四条、四〇四条、三三七条四号により、被告会社に免訴の言渡をなすべきものとし、上告趣意に対する判断を省略し、主文のとおり判決する」（最判昭三五・一二・二一刑集一四・一四・二一六二）。

この判決には五人の裁判官の少数意見が付されている。

斎藤・池田・高橋の三裁判官は刑訴法が共犯について事件単位に時効を統一しているが、この趣旨は両罰規定にも妥当するものとして次のように述べている。「同罰則によれば、違反行為をした従業者に対しては各本条の懲役または罰金の刑を科し、事業主たる法人または人に対しては各本条の罰金刑を科するものとし、後者は前者の刑事責任とは別個の刑事責任を負うものとされてはいるが、前者の違反行為を原因としこれに随伴するものであり、事件単位としては共犯の場合と同視すべきものであつて、後者の公訴時効につき特に前者に科すべき刑によりその期間を定める旨規定するところがないというだけの理由で共犯の場合と別異にすべき合理的理由はないものといわなければならない。また、事業主たる法人または人に対する罰金刑は、従業者の税法違反行為に対する制裁を補充する性質を有するものと解することができる。すなわち、行為者たる従業者は概して資力に乏しくこれに対し財産刑を科しても効果なき場合多きに反し、事業主たる法人または人は概して資力大なるを常態とするものであるからこれに対し従業者に対する各本条所定の罰金刑を科して税法所定の目的を達成しようとするのである。されば、公訴時効の期間に関する規定を適用するに当つても、違反従業者に対する刑を基準とすべきこと当然であるといわなければならない」と。

石坂裁判官は、資力の多寡を理由とする点については留保し他はこの少数意見に賛成している。

高木裁判官の少数意見は次の通りである。「取引高税法四八条一項は、事業主たる法人または人自身の犯罪を定めたものではなく、行為者たる使用人らの犯罪を前提として、それとの関連において事業主の刑事責任を定めた特種の処罰類型であると解するのが相当である。されば事業主の刑事責任は、行為者本人の刑事責任に当然随伴すべきものであり、本件のように行為者の責任が存続する場合においては、事業主もまたその処罰を免れないものといわなければならない。従つて事業主に対する公訴時効の期間についても行為者に対するそれに従うべきものであると考える」。

　学説を見ると、団藤教授は刑訴二五二条の立法趣旨及び共犯に関する法律関係の合一的な解決の要請から、行為者の刑を標準とするのが妥当であろうとされ（団藤・警研二二巻九号五六頁）、平野教授は「法人と使用人の場合は、その関係は共犯より密接なのであるから、統一的に取扱うべきであり、使用人の刑を標準とすべきである」とされる（平野・刑訴法（法律学全集）一五五頁）。これに対して、この判決に関連して高田教授が判旨賛成の意見を述べていられる（高田「両罰規定における法人の公訴時効」判例評論三七号一四頁）。

　思うに、業務主責任は従業者の行為を要件として発生するが、その本質は違反行為そのものとは別個の業務主自身の監督義務違反の責任であるから公訴時効についても共犯と同じとする特別規定がないかぎり独立に考えるべきであろう（高田・前掲一六頁）。判決は業務主責任の本質についての立場の相異は問題でないように述べているが疑問である。無過失責任説をとる場合にはおそらく時効についても行為者を標準とすることが合理的であろう。もつとも従来、業務主の起訴、量刑、処罰等は行為者と独立であるとされているから公訴時効についても同様に考えることができないわけではない。

　なお、高田教授のいわれるように、法人又は人の責任は監督義務違反であるから行為者の犯罪より軽く従つて時効もまた短いということもできるかもしれない（高田・前掲一六頁）。本件につき田中調査官の解説がある（田中「両罰規定における法人の公訴時効」ジュリスト二一九号四〇頁）。

続いて同趣旨の最高裁判決がある。本件は紙製造販売会社の取締役社長が事務係をして昭和二五年七月から一二月まで物品税法違反行為をなさしめた事案につき昭和二九年一二月二八日に起訴があり、第一審及び原判決は時効については行為者に対する法定刑を基準とするとして会社を有罪とした。判決はこれを破棄し免訴の言渡しをした。

【79】「職権をもつて調査するに、原判決の是認した事実によれば、被告会社の取締役社長高橋徳夫及び職員中尾幸夫が昭和二五年七月から同年一二月までの間に行つた各所為は、いずれも昭和二五年一二月法律二八六号附則七項により同法律による改正前の物品税法一条己類七〇、二条、一八条一項二号、二一条の物品税法違反罪に該当し、同法二二条によれば、被告会社の代表者又はその他の従業者である右両名が右違反の行為をしたときは右両名が処罰されるほか被告会社に対しては同条所定の各本条の罰金刑が科せらるべきものであることは原判示のとおりである。

しかし、右物品税法二二条のいわゆる両罰規定は、事業主たる法人又は人はその代表者その他の従業者たる行為者の刑事責任とは別個の刑事責任を負うべきものとし、不正の行為をもつて物品税を逋脱した所為等に対する罰条としては同一八条一項の規定のうち罰金刑に関する部分を適用すべきものとしているのであるから、これに対する公訴の時効については刑訴二五〇条五号により時効期間は三年であり、その起算点は同法二五三条一項により右物品税法一八条一項の違反行為が終つた時と解するのを正当とする。そして、一個の違反行為を原因とする二つの刑事責任のうち、行為者に対しては懲役若しくは罰金の刑を科し、事業主たる法人又は人に対しては罰金刑を科すべきものとされている場合にあつては、公訴の時効につき、行為者に科すべき刑により時効期間を定める旨の特別の規定が設けられていれば格別、しからざる以上は、事業主たる法人又は人に対する公訴の時効は、これに対する法定刑たる罰金刑につき定められた刑訴二五〇条五号の規定によるほかない。このことは当裁判所大法廷判決の趣旨に照らして明らかである（昭和二九年（あ）一三〇三号同三五年一二月二一日言渡刑集一四巻一四号二一六二頁）。すなわち、被告会社に対する本件公訴については公訴の時効期間は刑訴二五〇条五号所定の三年であるといわねばならない。

しかるに、記録によると、本件公訴は昭和二九年一二月二八日に提起されたものであること明らかであるから被告会社に対する本件公訴は、起訴にかかる違反行為の終つた時からすでに三年以上を経過し公訴時効完成後に提起されたものというのほかなく、本件については刑訴四一四条、四〇四条、三三七条四号により判決をもつて被告会社に対し免訴の言渡をなすべきものである。よつて、本件公訴の時効期間に関する原判決の解釈は相当でなく、原判決の右法令違反は判決に影響を及ぼすものであつて原判決を破棄しなければ著しく正義に反すると認める」（最判昭三六・七・二五刑集一五・七・一二〇二）。

この判決には石坂裁判官の少数意見が附されているがその内容はさきの大法廷判決の少数意見を引用したものである。

下級審の判決に反対の判例が存在する。次の判決は両罰規定による法人の責任は行為者とは別個であるが、しかし行為者の責任に当然随伴するものであるとする前出判例【48】の後半をなすものである。

【80】「ところで、刑訴法第二五三条第一項は、時効は犯罪行為が終つた時から進行すると規定しているので、行為者本人の違反行為が長期一〇年未満の懲役にあたる罪である場合には、該違反行為の時効は刑訴法第二五〇条第四号によつて五年の期間を経過することによつて完成するわけであるから、該違反行為に対する両罰規定によつて法人に科せられる刑は、たとえ罰金であつたとしても、この法人の責任も亦、右と同じ期間は適法に追求されるものといわなくてはならない。翻つて、これを本件について看るに、原判示第一乃至第一三

の所論事実は、起訴の当時においては、未だ五年の期間を経過していなかつたのであるから、本件違反行為者たる被告会社代表取締役西ケ谷戸作の犯罪が物品税法第一八条第一項により五年以下の懲役を以て、その重い主刑とする所からいつて、同法第二二条の両罰規定による被告会社の責任を追求しようとする本件起訴は、刑訴法第二五一条、第二五〇条第四号によつて明らかに時効完成前になされたものであつて、右物品税法第二二条による被告会社の責任が罰金刑であるの故を以て、本件起訴が三年の時効期間経過後にかかる不適法なものだと非難する所論は、ただ独自の見解として排斥するの外はない」（東京高判昭二九・一・二一刑集七・一・一五）。

法人に対する処罰は罰金刑にかぎられるから必要的弁護の事件に該当しないとする次の判決がある。

【81】「ところで右物価統制令第四十条には「法人ノ代表者又ハ法人若ハ人ノ代理人、使用人其ノ他ノ従業者ガ其ノ法人又ハ人ノ業務ニ関シ第三十三条乃至第三十七条第一号乃至第三号第三十七条ノ二又ハ前条ノ違反行為ヲ為シタルトキハ行為者ヲ罰スルノ外其ノ法人又ハ人ニ対シ各本条ノ罰金刑ヲ科ス」と規定せられていて、この規定は使用人等の行為に対し、本人（法人又は人）を処罰することを定むると同時に、之に対する刑罰を定めたものであるから、この場合に於ける法定刑は右各本条の罰金刑に限られているものといわねばならぬ。従つて、被告会社に対する本件被告事件は、刑事訴訟法第二百九十八条第一項に規定する必要弁護の事件に該当しないことが明らかである。されば、原裁判所が前叙の如く被告会社の弁護人なくして開廷したからとて、その訴訟手続が右刑事訴訟法の規定に違反するものではない」（札幌高判昭二六・二・五刑集四・二・八三）。

公訴事実の同一性につき、無切符で衣料品を買受けた者が業務主たる被告人であるとする起訴状と被告人の妻が行為者であるとする変更された訴因との間に同一性を認める次の判決がある。

【82】「今右両者の事実を対比するのに起訴状においては、衣料品を無切符で被告人が買受けたものであるとし、変更された訴因においては、被告人が買受けたのではないが、被告人の妻が、被告人の代理人として被告人の業務に関し、その衣料品を無切符で買受けたものであるとするのであり、買受行為自体のみに着眼すれ

ば、前者においては被告人を行為者とし、後者においては被告人を行為者でないとするのであるから、一見全く異る事実関係に属するものであるかのようにも見えるのであるが本件控訴の目的物である実体関係、すなわち法律的な事実関係の主要な点は昭和二四年一月二五日頃被告人方店舗において軍手十対外衣料品五五点が無切符で授受されたこと、そして被告人はその譲り受けについて法律上の責任を免かれない、という点にあると認められ、被告人の法律上の責任が被告人自身の手による譲り受け行為に由来するか、はたまた代理人の譲り受け行為に対する業務者本人たる地位に由来するかは訴訟上必ずしも主要なる事項に属するところではないと認められるのであり、このように訴訟の目的物である実体関係がその主要な部分において一致するときはたとえその主要でない点において多少相違するところがあつても、公訴事実自体はその同一性を害するものでないと解するのが相当である」（福岡高判昭二五・一〇・一四特一五・一五四）。

次に、法人と行為者たる代表者を処罰する時は訴訟費用は連帯とするものとする高裁判決がある。

【83】「法人の代表者が法人の業務に関して犯罪行為をなしたため法人も代表者も共に処罰せられる場合は実体法上の共犯ではないが訴訟費用の殆んど全部は両者のためにする証拠調から生ずるのであるから刑事訴訟法第百八十二条に所謂共犯と解するのが相当である。故に原判決が右法条により被告人と被告会社とに対して訴訟費用の連帯負担を命じたのは正当である」（東京高判昭二四・九・一〇刑集二・二・一二一）。

なお、起訴状の記載につき次のような判決がある。

【84】「起訴状に、被告人である財団法人学徒援護会の代表者の氏名及び住居の記載がないことは洵に所論の通りである。けれども右が起訴状の絶対的記載要件でないことも亦、刑事訴訟規則第百六十四条第二項其の他に徴し明かであると謂わねばならないから、右の記載がないことを以て直ちに、本件公訴提起手続が無効であることは断じ得ない。従つて右の点に於て原審が本件公訴を棄却しなかつたのは洵に相当であつて論旨は理由がない」（東京高判昭二五・九・五新判例体系（刑事法編）刑訴2二五六条）。

七　従業者処罰の根拠

事実行為者たる従業者の処罰と両罰規定との関係について、従業者は直接各本条の違反行為者として処罰せられるのか、或いは、両罰規定に「行為者ヲ罰スル外」と規定せられたことにより始めて処罰せられるのかという問題がある。これについて、従業者も法規遵守の義務者であって両罰規定をまたずして各本条により処罰せられるとする思想と、従業者は各本条により直接にではなく両罰規定により始めて処罰せられるとする思想とが対立しており、更に場合を分けて各本条が一般人を犯罪主体として規定している場合は従業員は直接各本条の違反行為者として処罰され各本条が業務主にのみ存する一定の身分を必要としているときは両罰規定により創設せられた新しい構成要件によって始めて処罰せられるとするものもある。最初の説を本来的義務者説といい、最後の説を構成要件修正説と呼ぶことができよう。これらに対して、両罰規定は各本条の違反行為の主体として法人の代表者、法人又は人の使用人その他の従業者が含まれていることを示した解釈規定であるというようにも考えられる。

さて、転嫁罰規定の下においては、判例は行為者たる従業者の処罰を否定していた。次の諸判例はこれを明言している。

【85】「酒造税法第三十二条ニハ「酒類ヲ製造スル者又ハ之ヲ販売スル者ノ代理人戸主家族同居者雇人其ノ他ノ従業者ニシテ其業務ニ関シ此ノ税法ヲ犯シタルトキハ其ノ製造者又ハ販売者ヲ処罰ス」トアリ本条ハ代理

人等ノ税則違反ノ行為ニ関シテハ製造者又ハ販売者ヲ以テ其責任者トシテ之ヲ処罰ストノ趣旨ニシテ犯則行為者タル代理人等モ併セテ之ヲ処罰ストノ趣旨ニアラサルヤ法文上一点ノ疑ヲ容レス」（大判明三九・八・二八刑録一二・八八二）。

【86】「法人ノ業務ニ関シ其ノ従業者カ法令違反ノ行為ヲ為シタルコトニ付法人ヲ罰スヘキ場合ニ於テハ其ノ従業者ヲ罰スルコトヲ得サルモノナルコト従来本院判例ノ認ムルトコロナルカ故ニ本件ニ於テ判示海老名一郎ノ行為ニ付銃砲火薬類取締法第二十三条ニ依リ明治三十三年法律第五十二号ヲ準用シテ法人タル判示合同漁業株式会社ヲ処罰スヘキモノトセハ其ノ従業者タル被告人ヲ罰スルヲ得サルモノト為ササルヘカラス」（大判昭九・四・二六刑集一三・五二七）。

【87】「原判決ノ認ムル所ニ依レハ本件第二ノ事実ハ「被告亀之助ハ判示期間内犯意継続シテ数回ニ亘リ前項記載ノ如ク或ハ送状ニ変更ヲ加ヘ或ハ虚偽ノ記載ヲ為シタル送状ヲ送付セシメタル上之ヲ前示当該官吏ニ提出シ以テ同官吏ヲ欺キ因テ合資会社万世貿易商店ヲシテ関税金合計二千六百二十四円九十三銭ヲ逋脱シテ不法ノ利益ヲ得セシメ尚同会社ノタメ関税金百七十三円ノ逋脱ヲ図リタルモ其目的ヲ遂ケサルモノナリ」ト云フニ在リテ之ヲ其前項ナル第一ノ事実ト対照スルニ被告亀之助ハ合資会社万世貿易商店ノ代表社員トシテ其業務ノ執行ニ関シ税関官吏ニ対シテ欺罔手段ヲ施シ以テ関税ヲ逋脱センコトヲ図リ又ハ関税ヲ逋脱シタルモノニシテ其行為ニ付テハ明治三十三年法律第五十二号第一条ノ規定ニ依リ右会社ヲ責任者トシテ処罰スヘキ場合ニ該当シ彼ノ雇人カ雇主ト共謀シテ税則違反ノ行為ヲ為シタル場合トモ其趣ヲ異ニスルモノナレハ被告亀之助ニ関税法第七十五条ノ罪責ハ勿論刑法第二百四十六条第二項ノ罪責ヲモ負ハシムルコトヲ得サルモノトス」（大判大四・一〇・二八刑録二一・一七四五）。

これは業務主責任をもつて行為者に代つて責を負うものとする転嫁責任説の結論であろう。通説もこれと同じである。その理由として、牧野博士は租税の収入を全うし取締目的を達せんとする法規の趣旨に徴しとされ（牧野・日本刑法上九七頁）、泉二博士は行政刑法における犯罪は業務主体に対する命令禁止の違反によつて成立する身分犯であるからとされ（泉二・刑事学研究六一二頁、八木・二四〇頁）、美濃部博士は事業主処罰規定においては犯則行為なからしむべき義務を負うのは事業主のみで犯則行為を為した従業者は国家に対する関係においては義務違反でもなければ犯罪でもないからであるとしていられる（美濃部・行政刑法概論二四、二五、二九、三〇頁）。これに対して八木博士は従業者等も常に国家に対する関係において法規遵守の義務者であり各本条により処罰される、それは両罰規定のみならず転嫁罰規定においても常に然りであるとしていられる（八木・前掲八五、六、二三八以下）。

転嫁責任説をとらず業務主の監督上の懈怠を処罰する特別規定と解する場合においては、行為者をいかに取扱うべきかについて規定がないのでこれらの相反する考え方が可能とされるわけであるが、結局各本条の構成要件の解釈により従業員も亦その犯罪主体に含まれているか否かにより決定する外はない（福田・前掲六一頁）。すなわち各本条の構成要件の妥当な解釈によつて従業者も主体に含まれる場合には直接各本条により処罰せられうることとなる。

ところで両罰規定は行為者処罰を法規上明定しているが、理論上においては従業員の処罰の根拠につきさきに述べたような問題が論ぜられ、実務上も従業者処罰に各本条の外両罰規定を適用せねばならないか否かが問題にされている。

両罰規定が前提とする各本条は直接には業務主のみを対象としており、従業者等は単に業務主の義務違反の事実状態を惹起したにすぎず自己の固有の義務違反ではないが、両罰規定の「行為者ヲ罰スル外」という特別規定により始めて処罰せられるという思想は荻野判事（荻野・価格統制法三六七頁以下）、津田検事（津田・「罰則の適用に関連する諸事項」財政経済弘報二二四号一二頁）、などに見られ、又、福田教授、井口判事の構成要件修正説もこれに属する（福田・前掲六二頁、井口・刑評一五・二六〇頁）。これに対して、八木博士及び法人に関して真野判事（真野・刑評一四巻八六、七頁）は従業員等も本来的義務者として直接各本条に該当するものとしている。

ところで、各本条の構成要件が事業主のみならず一般人をも含むことを明示している場合は従業員も一般人として直接処罰せられることはいうまでもない。例えば、特許法第一八八条、一九八条のように「何人も、次に掲げる行為をしてはならない」とし、この違反を処罰するような場合がそれである。この場合行為者たる従業員を処罰するためには両罰規定を適用する必要はない。ところが、各本条が言葉の通常の意味においては業務主にのみ存在する一定の身分を示す用語を用いている場合、例えば「鉱業権者」「古物商」「業を営む者」「を所有する者」などの場合においては、従業者を含むか否かは明確ではない。そこで、これらの場合は両罰規定は従業者について新しい構成要件を設けたという主張がなされるわけである。しかし、これらの取締法規の趣旨から考えると、各本条は単に業務主のみを対象とするものとは考えられない。何故なら、業務に関する取締は、業務主の手足となつて働く従業者、業務主の alter ego をも取締るのでなければ効果がないからである。そして各本条の「古物商」「鉱業権者」等々は言葉の可能な意味の範囲内においてそれらの業務に従事するすべての人——自己の業務としてであれ、他人の業務としてであれ——を含みうる。それ故、従業者も亦、各本条の犯罪の主体と考えることは「許されざる類推」ではなくして、目的論的解釈の見地から許さるべき拡張解釈とせねばならないのではなかろうか。その際、両罰規定は行為者について新構成要件を設定するというよりもむしろ各本条の解釈的規定として作用するというべきであろう。解釈規定というのは民法的用語であるが、注意規定といってもよい。各本条の解釈は両罰規定との関連においてなされなければならない。両罰規定をまず度外視して、言葉の通常の意味においてのみ解釈し、次いで、両罰規定を考慮して新しい構成要件を設定するものと解するのは妥当でないのではなかろうか。従つて、従業者処罰の場合においては両罰規定を援用することは適当であるが、必ずしも必要ではないと解される。

さて、判例を見ると、両罰規定については大体において大審院は本来的義務者説、最高裁は解釈規定説に傾いているように思われる。

まず、大審院判例に本来的義務者説のものが見られる。次の判決は原判決が会社代表者の処罰につき輸出入等臨時措置法七条の両罰規定を適用したのに対して行為者は直接各本条により罰せられるから七条の適用は同一事実に二重の刑責を科するもので不当であるとする上告趣旨を斥けたものである。

【88】「然レトモ原判決カ輸出入品等ニ関スル臨時措置ニ関スル法律第七条ヲ挙示シタルハ全ク不必用ナル法条ヲ羅列シタルニ止マルコト原判文ヲ通読シテ容易ニ之ヲ知リ得ヘク斯ル贅語ノ存スルカ為原判決ニ影響ヲ及ホスモノト認ムルヲ得サルヲ以テ此ノ一事ニ依リ原判決ヲ破毀スヘキ理由ト為スヲ得ス」（大判昭一五・一一・七庵、神宮経済統制判例集三九六、判例体系(経済統制法総論)三七）。

同じ趣旨の大審院判決がある。

【89】「被告人甲カ被告人乙ノ某商店ノ営業又ハ被告会社ノ営業ニ関シテ為シタル判示第二又ハ第三ノ事実ニ対シテハ輸出入品等ニ関スル臨時措置ニ関スル法律第二条第五条ノ外尚同法第七条ヲ適用スル要ナキコト洵

ニ所論ノ如シト雖原判決ハ唯無用ノ法条ヲ附加シタルニ過キスシテ是カ為ニ刑ノ量定其ノ他原判決ニ影響ヲ及ホササルコト明白ナルカ故ニ是ヲ以テ原判決破毀ノ理由ト為スニ足ラス」（大判昭一五・一二・二、判例体系（経済統制法総論）七四）。

最高裁判例にも本来的義務者説に立つものがある。次の判決の事案は製粉等を目的とする株式会社の代表取締役及び常務取締役が業務に関し共謀の上小麦粉等を統制額を超える代金で販売したというもので、原審において物価統制令四〇条の両罰規定の適用を受けた。上告趣旨は会社は右四〇条により始めて処罰されるものであるからその処罰に四〇条援用を必要とするが、行為者は同条により始めて処罰されるものでないから、原審が同条を援用したのは違法であるというのである。

【90】「原判決が被告人若林孝信に対する適条の部において物価統制令第四〇条前段の規定を適用していること及び同被告人の本件所為に対しては同条を適用すべきものでないことは所論のとおりである。しかし原判決は唯無用の法条を列記しただけでこれがために判決に影響を及ぼすものと認めることはできないから原判決破毀の理由とすることはできない。論旨は理由がない」（最判昭二四・一二・三裁判集刑一五・三三）。

同じく、物価統制令四〇条は法人の代表者を処罰するにつき適用の必要がないとする高裁判例がある。もっともこの判決は代表者に対してのみ各本条の禁止が及ぶものとしているが、この点については疑問がある。禁止が代表者に及ぶ以上実際に業務を担当するすべての者にも及ぶと解すべきであろう。

七　従業者処罰の根拠

【91】「物価統制令第三条第一項に「価格等ハ其ノ統制額ヲ超エテ契約シ支払ヒ又ハ受領スルコトヲ得ス」と規定するのは、自然人のみならず、法人に対してもかかる行為を禁止している趣旨であること疑なく、しかも法人についてはその行為を実際担当するのはその代表者なのであつて代表者の行為がすなわち法人の行為に

ほかならないのであるから、同条の禁止は同時にまた法人の代表者に対しても向けられていると解するのでなければ意味をなさない。してみれば、被告人が法人の代表者として小麦粉を統制額を超えて買い受けた行為は、まさに右第三条の規定に違反したもので、同令第三十三条第一号の「第三条ノ規定ニ違反シタル者」という構成要件に直接該当するというべきであるから、右の所為につき被告人を処罰するにあえてそのほかに同令第四十条を適用する必要はないわけである」（東京高判昭二七・九・三〇判タ二五・五八）。

鉱業法違反につき同じく行為者は直接各本条により処罰せられるものとする次の高裁判決がある。

【92】「然し、所論の鉱業法一九四条は、いわゆる両罰規定に関するもので、同法一九一条ないし一九三条の違反行為をした行為者本人を罰するについては、刑法の原則に従い、直ちに右各条規の違反として処罰すべく、右一九四条の規定をまつて初めて処罰の根拠が与えられるものではない。所論は、同法一九二条一号、六三条四項違反の罪の行為主体は鉱業権者に限られるのであつて、日本国籍を有せず、従つて鉱業法の規定により鉱業権の主体たり得ない被告人が、右一九二条一号、六三条四項違反として処罰されるべきいわれはないという。然し、その議論は当らない。鉱業権者（本件では、当時被告人の内縁の妻であつて日本国籍を有する長坂芳子が鉱業権者である）の代理人（被告人は鉱業法施行規則にいわゆる鉱業代理人として選任されていた）使用人その他の従業者が、鉱業権者の業務に関し、右六三条違反の行為、すなわち、鉱業権者が認可を得た施業案によらずして鉱業を行つた場合には、同法一九二条一号により処罰を受けるものと解すべきである。蓋し、もし所論のような解釈をとるとすれば、鉱業権者が自ら右六三条四項違反の行為をした場合でなければ、右一九二条により処罰をされることはなく（しかも、このような事態は一般に稀有のことに属するばかりでなく、鉱業権が法人に帰属する場合には、右一九二条の定める懲役刑は適用される余地がなくなるわけである）一般に、鉱業の経営が、従業者、使用人を用いる企業体により営まれている実情に照らし不当であり、しかも、鉱業法六三条四項が施業案によらない鉱業を禁止し、罰則を設けてその禁止を強行しようとしているのに、その禁止規定に違反して直接鉱業を行つた行為者本人については、その行為者が鉱業権者でない限り処罰できない

ということは、刑法の原則に照らし不当であるばかりでなく、（その場合、右の代理人、従業者、使用人を同法一九一条一項一号により処罰することは筋が通らない。施業案によらず鉱業した場合は、鉱業権のない者の掘採とは明らかに区別すべきものだからである）又所論の如く解するときは、右一九四条の適用されるべき余地はなくなるからである。ところで、本件において、被告人が鉱業権者を長坂芳子とする富士洋行炭鉱の鉱業代理人として、右鉱業権者の業務に関し、情を知らない鉱夫長三和一郎等をして同法六三条四項に違反して該鉱業権者に認可された施業案によらず鉱業を行つたこと、すなわち、被告人本人がその違反行為を実行したことは、原判決引用の証拠と対照して読めば、原判決の確定した事実であることが明らかであるから、原判決が被告人を前記一九二条一号、六三条四項により処罰したことは相当であつて原判決の法令の適用について、所論の如き違法はない。論旨は理由がない」（名古屋高判昭三五・一一・七刑集一三・八・六二四）。

次の最高裁判決は構成要件修正説に立つているようである。事案は鉱業権者たる株式会社の鉱業代理人を補佐する鉱業所坑務副長と同保安係長及び保安係員が意思を通じて無検定の精密可燃性ガス測定器を坑内で用いたというもので、鉱山保安法違反として両罰規定の適用を見た。上告趣意は同法七条一項の「鉱業権者は」「使用し」てはならないは使用させた場合を含まないとする。判決はこれを拒否し、更に鉱業権者でない行為者処罰の根拠を説明する。

【93】「鉱山保安法七条一項にいう「使用し」の趣旨は、使用させよつて使用されるに至つた場合をも含むものであるとした第一審の判断を是認した原判示は正当である。また同法七条一項は、鉱業権者に対する義務を定めた規定であり、同法五六条二号に「第七条第一項……に違反した者」とあるのは、右義務に違反した鉱業権者を処罰する規定と解するを相当とするけれども、同法五八条には、「……その他の従業者が、その法人又は人の業務に関し、前三条の違反行為をしたときは、行為者を罰する外」と定められており、同法に定めら

れた鉱山事業における危害防止、安全確保の重要性に鑑み、同条所定の従業者が、法人又は人の業務に関し、同法五六条二号に掲げられた違反行為（本件においては、七条一項に違反する行為）に該当する所為をした場合には、右五八条の前記引用の規定によつて、行為者たる従業者が処罰せられることとなり、従業者は右規定によつて、五六条二号に掲げられた違反行為（本件においては、七条一項に違反する行為）に該当する行為をしてはならない義務を負うものとせられていると解すべきである。そして本件においては、検定有効期間最終日を経過して無検定のままの精密可燃性ガス検定器を坑内で現実に用いた者が、所論のように、被告人ら自身ではなく鉱山労働者であつたとしても、被告人らが、右鉱山労働者をして前記のごとき検定器を坑内において用いさせてこれを使用したものであると認定した第一審判決を是認した原判決は、挙示の証拠に照らし正当と認められる。しからば、被告人らは、結局鉱山保安法七条一項の違反行為に該当する所為をしたものであるから、同法五八条の前記引用の規定によつてこれを処罰しうることは明らかであり、従つて被告会社もまた右五八条によつて処罰を免れないものといわなければならない。これと趣旨を同じくする原判決には所論の違法は認められない」（最判昭三四・六・四刑集一三・六・八五一）。

次の高裁判決も同じく構成要件修正説のようである。事案は会社の鉱業代理人が出水のおそれある石炭坑として指定を受けたのに必要な措置を講じなかつたというものである。原審は鉱山保安法五六条五号（鉱業権者の措置義務違反の罰則）は一種の身分犯で鉱業権者だけを処罰するもので、同法五八条の両罰規定は違反行為者が本来処罰の対象とせられている場合についてのみ法人又は人に対して適用せられると解すべきであるとして無罪を言渡した。検察官はかような身分犯説を不当として控訴した。判決は両罰規定により代理人、使用人その他の従業者も各本条違反として処罰せられるとして原判決を破棄した。

【94】「ところで、同鉱山保安法第二条一項は「この法律において『鉱業権者』とは、鉱業権者及び租鉱権

者をいう」とし、同法第四条は「鉱業権者は、左の各号のため必要な措置を講じなければならない。……」と規定し同条の規定に違反した者に対する罰則規定として、同法第五六条は同条第五号の「第三十条の規定による省令に違反して、第四条に定める措置を講ぜず、又は第五条（同条は「鉱山労働者は、鉱山においては、保安のため必要な事項を守らなければならない」と規定する）に定める事項を守らない者」に該当する者は、六箇月以下の懲役又は三万円以下の罰金に処することを定めているのであつて、右同条同号前段の犯罪の主体は、右各条の関する限りでは、鉱業権者である。しかし、同法第五八条は「法人の代表者又は法人若しくは人の代理人、使用人その他の従業者が、その法人又は人の業務に関し、前三条（第五五条、第五六条、第五七条）の違反行為をしたときは、行為者を罰する外、その法人又は人に対して各本条の罰金刑を科する」と規定しており、その前身（鉱山保安法は旧鉱業法、鉱業警察規則、石炭坑爆発取締規則等の鉱山保安関係法規に代るものとして制定された）というべき旧鉱業法第一〇四条の「法人又ハ人ハソノ代理人、同居者、雇人ソノ他ノ従業者ニシテ其ノ業務ニ関シ本法ノ違反行為ヲ為シタルトキハ自己ノ指揮ニ出テサルノ故ヲ以テ其ノ処罰ヲ免ルルコトヲ得ス」との立法形式をとる規定につき、法人の業務に関しその従業者が法令違反の行為をしたことにつき法人を罰すべき場合には、別段の規定のない限り従業者を罰することを得ない旨の大審院判例（昭和九年四月二六日第一刑事部判決等）が出た後、前記鉱山保安第五八条にいわゆる両罰規定が採用された立法経過、及び右第五八条が「行為者を罰する外」云々と定めていること等に鑑みれば、両罰規定は直接にはその法人又は人に直接責任があるものとした立法形式とみられるとしても、同法第五八条により同法第四条及び第五六条が同法第二条第一項の鉱業権者に対してのみならず鉱業権者たる法人又は人の代理人、使用人その他の従業者に対しても適用せられる法意であると解するのが相当であり、即ち、鉱業権者の代理人、使用人その他の従業者が同法第四条の違反行為をしたときは、同法第五八条第五六条第五号前段により罰せられるものと解すべきである（最高裁昭和三〇年一〇月一八日第三小法廷決定・同昭和三三年七月一〇日第一小法廷判決各参照）。そして、被告人は原判示株式会社石川炭砿の鉱業の実施に関し鉱山保安法及びこれに基く省令によつて鉱業権者が行うべき一切の手続その他の行為を委任されていた鉱業代理人であつたことは原判決も認めているとおりであつて、法人の代理人に当り、鉱業権者と同様鉱山保安法上の遵守義務を負担していたものといわねばならない。

以上の次第で、原判決は法令の解釈適用を誤つたものというべく、その誤りが判決に影響を及ぼすことが明らかであるから、原判決は破棄を免れない」（仙台高判昭三三・一二・九刑集一一追録一一）。

次の控訴院判決は構成要件修正説又は解釈規定説のいずれの見地に立つものか明瞭でない。

【95】「国家総動員法第四十八条ノ規定ト価格等統制令第十三条但書ノ規定トヲ彼此考量スレハ法人若ハ人ノ代理人等ニ於テ右国家総動員法第三十三条等ニ該当スル行為ヲ為シ而モ該行為カ其ノ法人若クハ人ノ業務ニ属スルモノナルトキハ其ノ代理人等ニ於テ之ニ対スル責任ヲ負フヘキハ疑ナキトコロナリ」（長崎控判昭一七・一一・一三新聞四八一一・一五）。

次の最高裁判決は解釈規定説の見地に立つものと考えられる。事案は古物商の従業員が古物営業法一六条に規定する古物商が古物を買受ける場合の相手方確認義務を果さなかつたというもので、原審は単純に右一六条とその罰則二九条を従業者に適用した。上告理由は被告人は古物商ではなく古物商の家族の一員でその従業者にすぎないからこの擬律は違法であるとする。判決は従業者に右一六条、二九条が適用されることは三三条の両罰規定により明らかであるとする。

【96】「本件真鍮棒及び単軸受真鍮製メタルが古物であることは原判決挙示の証拠によつて明らかであるところ、古物の売買については、古物営業法一条二項の古物商に対してのみならずその従業者に対しても、同法一六条及び二九条が適用せられることは、同法三三条によつて明らかである。従つて古物商を営む養子加藤高助の従業者たる被告人が同法違反の罪に問われたことは当然である。ただ原判決が同法三三条の適用を示さな

かつたことは違法たるを免れないが、この違法は判決に影響なく、刑訴四一一条により原判決を破棄しなければ著しく正義に反するものとは認められない。またその外にも同四一一条を適用すべき事由は認められない」（最判昭三〇・一〇・一八刑集九・一一・二二五三）。

しかし、従業者が本来一六条に含まれるとすれば三三条の適用は必ずしも必要でないというべきであるから、これを必要とする判決の見地は構成要件修正説であるということもできるかも知れない。同じく古物営業法一六条、二九条につき次の高裁判例がある。この判決は古物商の妻が夫に代り営業に従事中一六条違反の行為をした場合に妻につき直接一六条、二九条違反罪の成立があるとするものので、その根拠として三三条を掲げている。

【97】「本件記録を精査し総べての証拠を検討するに原判決挙示の証拠により被告人は古物商馬居兵瑞の妻として夫の不在の時は常に夫に代つてその業務に従事中、原判示のように古物を買い受けるに当り、古物営業法施行規則第二十二条の「直接にその相手方の住所氏名を確かめ、又は身分証明書、主要食糧購入通帳、定期乗車券等その相手方の住所、氏名、職業、年令を確めるに足りるものの呈示を受ける」方法により、その相手方の住所、氏名、職業及び年令を確認しないで、西野長利より同人が窃盗したジャンバー一枚を代金二百十円で買い受けた原判示事実を認めることができる。かかる場合古物営業に現実に従事した被告人には古物営業の従事者たるの許可がなくても古物営業法第十六条第二十九条の違反罪が成立することは勿論であり、このことは古物営業法第三十三条の「法人の代表者又は法人若しくは人の代理人、使用人その他の従事者がその法人又は人の業務又は財産に関し、第二十七条から第三十条までの違反行為をしたときは、行為者を罰する外、その法人又は人に対しても、各本条の罰金刑を科する」の規定によつても明瞭である。論旨は理由がない。

その他職権で調査するも刑事訴訟法第三百七十七条乃至第三百八十三条に規定する事由が認められないから、同法第三百九十六条により本件控訴を棄却する」（高松高判昭二七・八・三〇刑集五・一一・一八〇四）。

同様に両罰規定を解釈規定的に理解している判例として次の最高裁判決がある。事案は土木建築請負会社の専務取締役として事実上業務一切を統轄する被告人が指定生産資材を所有しながら報告書を提出しなかつたというものである。原審福岡高裁は、『所有者が法人である場合には、一応その法人が報告義務者だということになるが、同条の違反について法人を直接行為者として処罰する特別規定がなく、又法人について特に報告義務者を定めた規定もないから、法人の所有する指定生産資材については法人の代表者を以て報告義務者としなければならない。（中略）これに反して代表権限のない取締役の代表行為は、法律上法人の行為たる効力を有するものではないから、かような平取締役を以て報告義務者と認むるわけにはいかない」として無罪を言渡した。最高裁は報告義務者の範囲を確定するについて、規則が「報告者」の外に「報告担当者」を予定しているおり、報告担当者とは両罰規定を参酌すれば法人の代表者のみでなくその事務を統括する地位にある代理人、使用人その他の従業者をも含むと解すべきであるとして、原判決破棄差戻の判決を下した。

【98】「臨時物資需給調整法第六条によれば、法人においては、その代表者ばかりでなく、法人の代理人、使用人その他の従業者においても、同法第三条第一項の規定による報告をしない場合があることを予想し、かかる場合には、その行為者を罰する外、その法人に対して各本条の罰金刑を科することを規定している。

ところで同法第三条に基き制定された昭和二二年一月二五日商工農林省令第二号指定生産資材在庫調整規則（単に規則という）第三条は「業務に関して別表に掲げる数量を超えて指定生産資材を所有する者（以下、事業者という）はこの省令施行の日（以下、施行日という）において現に所有する指定生産資材について別記様式による報告書三通を、施行日から三〇日以内に、当該指定生産資材の所在地を管轄する地方長官を経由し、当該事業者の所管大臣（以下、主務大臣という）に提出しなければならない。（以下略）」と定め、同条にいわゆる別記様式、即ち指定生産資材在庫数量等報告書の様式には「――右の通りに相違ありません、昭和二二年　月　日。報告者の氏名又は名称及び印、報告担当者の氏名、地位及び印。――主務大臣　殿」と定められなお「報告要領一、この報告書は工場、事業場等からこれを提出すること、二、三、四（略）」と規定されている。これらの規定に徴すれば、規則は「報告者」のほかに「報告担当者」なるものを予定し、両者の存する場合にはその連記にかかる報告書を工場、事業場等別に提出すべきことを命じていることが窺える。

もつとも規則は「報告担当者」の定義を直接に下していないのであるが、前記臨時物資需給調整法第六条を参酌すれば右規則の「報告担当者」とは、法人においてはその代表者ばかりでなく資材調査に関する事務を統括する地位にある法人の代理人、使用人その他の従業者をも指称すると解すべきであり、これらの者が法規の命ずるところに違反して報告を怠れば本件犯罪が成立するものと云わねばならない。しかるに原審は被告人古市安臣が前記のような意義の報告担当者であるかどうかについて審理判断せず、単に会社代表者でないことを確定することによつて同人及び株式会社金子組両名を無罪としたのであるが、右は結局法令の解釈適用を誤つた違法あるか乃至は審理不尽、理由不備の違法あるものというべく、論旨は理由がある」（最判昭二七・三・一八、刑集六・三・四八七）。

真野判事は両罰規定の解釈と右規則の目的論的解釈の見地から本件判決に賛成し、詳細な批評を加えていられる（真野・刑評一四・八一頁以下）。

これらの判例と反対に、一つの最高裁判決は地方税法不納付罪の主体は特別徴収義務者たる身分を有する者だけであつて、この身分を有しない者が特別徴収義務者の従業者として行為しても身分なき行為者を処罰しえないとしている。事案は被告人甲、乙両名共謀の上、或る炭鉱労働組合並びに職員組合の福利施設たる映画館の興業者かつ入場税同附加税の特別徴収義務者たる被告人丙の業務に関して、右両組合の厚生資金捻出のため昭和二三年八月より二四年二月まで同館の入場税同附加税一二九万余円を徴収しながら二重帳簿を作り、虚偽の申告をなし、右税四六万余円を納入しなかつたというものである。原審は行為者に不納付罪、特別徴収義務者に両罰規定を適用していずれも有罪としたが、最高裁はこれを破棄した。

【99】「職権を以って右四一一条適用の事由ありや否やにつき調査するに、原判決は第一審相被告人西山竹次、同岡山菊の同判示所為は昭和二四年五月三一日法律第一六九号による改正前の地方税法一三六条二項（刑法六〇条）に該るものとなし、しかも右所為は被告人の業務に関するものであるから、被告人は同法一三九条の罪責を免れないとして、被告人に対し有罪の言渡をしているのである。しかし、同法一三六条二項の罪の主体となり得る者は、同法三六条にいわゆる「特別徴収義務者」たる身分を有する者だけであつて、かような身分を有しない者は右「特別徴収義務者」と共犯関係にない限り、同条の罪の主体となり得ないのである（昭和二五年（れ）第七六六号、同二六年三月一五日第一小法廷判決＝集五巻四号五三五頁以下参照）。また、同法一三九条には「行為者を罰する外」と規定されているけれども、その一事を以つて本来「特別徴収義務者」の如き税法上の義務（同法三六条、三七条、一二五条、一二六条参照）を負担していない行為者を同法一三六条二項の罪に問擬することのできないことは勿論であると共に、同法一三九条は行為者の所為が同条所定の犯罪の構成要件に該当することを前提とした規定であると解すべきことは同条の文理に徴しても極めて明かである。ところが、原判決は判示家族館における本件興業の主体即ち興業者は判示井華鉱業株式会社唐津炭鉱鉱員組合であり同興業の入場税及び同附加税に関する特別徴収義務者は被告人であると判示しながら、第一審相被告人たる前記西山及び岡山の両名については、単に本件興業に関する実務を右組合のため担当した者であつたと判示するだけで、同人等が特別徴収義務者の身分を有していたか否かについては何ら確定することなく（被告人との共犯関係はこれを認めていない）、漫然と右両名の判示所為を同法一三六条二項にあたるものとなし、更

に進んで被告人を同法一三九条の罪に問擬しているのである。しかし、右西山及び岡山の両名の原判示所為が同法一三六条二項の罪にあたるというがためには、少くとも右両名が本件興業に関し同法三六条にいわゆる「特別徴収義務者」たる身分を有するか、またはかような者と共犯関係にあることが確定されなければならないのであり、また、右両名の原判示所為が同法一三六条二項の罪を構成することの明かでない以上、右両名が仮りに被告人の代理人、使用人または従業者として、原判示の如く被告人の業務に関して判示所為に出でたものであつたと仮定しても、被告人において同法一三九条の罪責を負うべき理由のないことは、これらの罪についてさきに説示したところから自ら明かである。して見ると、原判決にはその理由にくいちがいがあるか、または法律の解釈適用を誤つたものといわなければならない。そして、右の違法は原判決に影響を及ぼすこと明かであつて、且つこれを破棄しなければ著しく正義に反するものと認められるから、刑訴四一一条一号に則り原判決を破棄するのを相当とする」(最判昭二八・八・一八刑集七・八・一七一九)。

しかし、この判決には疑問がある。身分犯を非身分者が犯しえないことはいうまでもないが、本件については両罰規定により従業者も亦不納付罪の主体とされているのではなかろうか。もし、判決の見地を妥当とすれば、一般に業務主を対象とする取締法規において両罰規定は殆んど意味のないものとなるであろう。何故なら、この見解によれば、従業者は業務主の身分がないから犯罪が成立しないと同時に業務主についても従業者の犯罪が成立しない限り両罰規定の適用を受けないからである。本判決は両罰規定が各本条の解釈に対して有する意義を没却したものといわなければならない。井口判事は構成要件修正説の見地から本判決の批評をしていられる(井口・刑評一五巻二五六頁以下)。

八　業務主たる法人又は人の意義

一　自己の計算において事業を営む者

業務主たる法人又は人がその従業者の業務に関する違反行為について処罰を受けるのは、業務主は業務の全般に亘って違反行為が起らないように注意監督する義務を有するにもかかわらずこの義務を懈怠して違反行為を生ぜしめたからである。業務主の意義を定めるに当っても、業務主責任の本質が考慮せられなければならない。この見地から業務主とは自己の計算においてその事業を経営している者と解するのが妥当であろう（美濃部・行政刑法概論三一頁、定塚・刑評五巻一八〇頁、福田・行政刑法五八頁）。

判例は両罰規定につきこの見地を採用している。次の判決の事案は、被告人は靴製造販売業を営む者であるが、被告人の次男がその業務一切を統轄担当しており、その業務に関し超過価格で靴を小売販売した事実につき原審は被告人を国家総動員法四八条、輸出入品等臨時措置法七条に該当するとして罰金刑に処した。これに対して、上告論旨の一は国家総動員法にいう「人」とは単なる営業名義人ではなく、自己の計算に於いて営業を為す者と解すべきところ、本件被告人は自己の計算に於いて靴商を現実に業務せる者でない、業務に関し一切関与していないとする。

【100】「原判示ニ依レハ原審ノ認定シタル事実ハ被告人ハ原判示場所ニ店舗ヲ設ケ自己ノ計算ニ於テ靴製造販売業ヲ営ムモノニシテ即チ所論ノ如ク右営業ノ単ナル名義人ニ止マルモノニ非ス其ノ実質上ノ主体ニシテ被告人ノ二男勲夫ニ於テ右被告人ノ営業一切ヲ統轄担当中被告人ノ右業務ニ関シ判示第二ノ各所為ヲ為シタリト

云フニアルコト明カニシテ該事実ハ原判決挙示ノ諸証拠ヲ綜合シテ之ヲ認ムルニ十分ニシテ記録ヲ精査スルモ原判決ノ右事実認定ニ重大ナル誤認アルコトヲ疑フニ足ルヘキ顕著ナル事由ナク斯ル業者カ国家総動員法第四十八条ニ所謂人ニ該当スルコト亦論ナキトコロナリトス」（大判昭一七・九・一六刑集二一・四一七）。

単なる営業名義人であるというだけでは業務主とするに足りないことは上告趣旨のいうとおりであるが、本件については営業を第三者に譲渡したのではなく、被告人の相続人たる次男をして其の経営に当てしめたというのであるから、判決の事実認定には問題がなかろう（美濃部・国家五七巻三号一二二頁）。

次の判決も同様に営業者をもつて自己の計算において事業を行う者としている。本件は大阪府令遊技場営業取締規則に違反して、許可を受けずに遊技場営業を為していた乙が、ある事件のために拘禁せられた不在中に、乙の実兄である甲が乙の依頼を受け其の代理人として其の計算に於いて従来通りの方法を以つて其の業務を継続して取扱つたことについて、甲は営業者に非ずとしたものである。

【101】「大正元年九月三十日大阪府令第十二号遊技場営業取締規則第九条第一号は所轄警察所ノ許可ヲ受ケスシテ遊技営業ヲ為シタル者ヲ罰スル規定ナレハ其ノ違反者タルニハ自己ノ計算ニ於テ遊技場ヲ経営シタル者ナラサルヘカラス其ノ遊技ニ関スル業務ノ取扱者ノ如キハ同条ノ違反者トシテ之ヲ罰スヘキモノニ非ス」（大判大一四・九・一八刑集四・五三三）。

次の判決も明治四四年の茶業取締令の茶業者の意義につき「自己ノ計算ニ於テ茶ノ製造売買ヲ業トナス者」としている。本件は合名会社の代表者が業務の執行につき雇人一名と共に腐敗茶を買入れたというもので原審が右両名を処罰したのを法人の代表者は茶業者に非ずとして破棄したものである。

【102】「按スルニ明治四四年農商務省令第二〇号茶業取締令ニ所謂茶業者ハ事実上製茶ノ製造売買ニ関係ス

ル者ノ義ニ非スシテ自己ノ計算ニ於テ茶ノ製造売買ヲ業トナス者ニ外ナラス是ヲ以テ製茶ノ製造売買ヲ目的トスル法人ノ代表者カ法人ノ業務執行上同号ニ列挙スル不良製茶ヲ製造又ハ売買スルモ其代表者ヲ以テ茶業者ト認メ之ヲ処罰スヘキモノニ非ス（中略）但法人ヲ処罰シ又業務主カ従業者等ノ反則行為ニ付テ犯意ナキモ尚之ヲ処罰スルコトハ現行刑法ノ原則ニ対スル大例外ナルカ故ニ法令ノ規定ヲ以テ之ヲ明示スル必要アルコト勿論ナリ反之法人ノ業務ニ関スル反則行為ニ付其代表者ヲ処罰シ又ハ当業主体カ心神喪失者若クハ未成年者ニシテ法定代理人カ業務経営ノ任ニ当ル場合ニ於テ罰則ヲ此ノ法定代理人ニ適用スルハ業務取締法令ニ於ケル当然ノ原則ニ対スル例外ニ属シ特ニ法令ノ規定ヲ要スル事項タルコト明白ニシテ現行取締法令中此ノ見地ヨリ明文ヲ設ケタルモノ少カラス然ルニ上叙茶業取締令ニ於テハ所謂茶業者カ法人ナル場合ニ付テ何等ノ規定ヲ設ケサルカ故ニ同令違反ノ行為ニ付テハ法人ハ勿論其ノ代表者ヲモ処罰スルヲ得サルモノト解スルヲ以テ現行取締法令一般ノ精神及本院判例ノ趣旨ニ適スルモノト謂ハサルヘカラス」（大判大一三・二・九評論一三刑二六七）。

銃砲火薬類取締法にいう「許可ヲ受ケ銃砲火薬類ニ関スル事業ヲ行フ者」の意義につき鉱業権者又は鉱業代理人では足らないとする次の判決がある。

【103】「仍テ原判決ヲ査スルニ被告正二カ判示鉱山ニ於テ火薬ヲ使用シ鉱物ノ試掘中従業者タル井手上彦助ニ銃砲火薬類取締法施行規則違反ノ行為アリタル事実ニ対シ被告正二ヲ銃砲火薬類取締法第二十一条ニ問擬セリ然レトモ同法条ニハ「営業者又ハ行政官庁ノ許可ヲ受ケ銃砲火薬類ニ関スル事業ヲ行フ者ハ云云」トアルヲ以テ被告正二ニ右法条ニ依ル罪責アリトスルニハ被告正二カ前示鉱山ノ鉱業権者若クハ其鉱業代理人ナルコトノ外ニ当該官庁ノ許可ヲ受ケ火薬類ヲ使用シテ右事業ヲ行フモノナル事ヲ確定スルヲ要スルモノトス然ルニ原判決ニ於テハ単ニ被告正二カ金銀銅ノ試掘ヲ為スニ当リ云云ト説示シタルニ止マリ如上事実ノ有無ヲ確定スルコトナク直ニ被告正二ニ同法ニ依ル罪責アルモノト判定シタルハ即チ理由不備ノ不法アリテ破毀ヲ免レス」（大判大七・一二・一九刑録二四・一五七九）。

同じく、銃砲火薬類取締法二一条の「許可ヲ受ケ銃砲火薬類ニ関スル事業ヲ行フ者」の意義につき「許可ヲ受ケ銃砲火薬類ノ一時的製造販売ヲ為ス者ハ勿論火薬類ヲ使用シテ工業鉱業漁業等ヲ営ム者ヲモ指称スル」として、某耕地整理組合が耕地整理工事に使用する目的をもつて火薬類の譲受及び使用の許可をうけ、その工事の施行を他人に請負わしたところこの請負人の従業者が違法の場所に火薬を貯蔵した事案につき、耕地整理組合が事業主としての責任を負わねばならないとする。

【104】「銃砲火薬類取締法第二十一条ニ所謂行政官庁ノ許可ヲ受ケ銃砲火薬類ニ関スル事業ヲ行フ者トハ銃砲火薬類ノ営業者ニ非スシテ許可ヲ受ケ銃砲火薬類ノ一時的製造販売ヲ為ス者ハ勿論火薬類ヲ使用シテ工業鉱業漁業等ヲ営ム者ヲモ指称スル法意ナルコトハ当院ノ判例（大正六年（れ）第二五九三号同年十一月三十日判決）トスル所ナリ而シテ原判決ニ依レハ被告組合ハ其ノ耕地整理工事ニ使用スル目的ヲ以テ大正十二年八月四日所轄警察署ノ許可ヲ得テ火薬商紺箭某ヨリ火薬類買受ノ約ヲ為シ即日其ノ幾分ヲ受取リ被告組合ノ整理地域内タル安岡村字福江ニ於テ岩石破砕用ニ消費シタルモノナルヲ以テ同条ニ所謂行政官庁ノ許可ヲ受ケ銃砲火薬類ニ関スル事業ヲ行フ者ニ該当スルヤ明ナリ而テ三好某ハ第一点ノ論旨ニ対シテ説明シタルカ如ク被告組合ノ指揮ニ従ヒ本件火薬ヲ使用シタルモノナルヲ以テ銃砲火薬類取締法第二十一条ニ所謂従業者ヲ以テ目スヘキモノナルヤ論ヲ俟タス論旨理由ナシ」（大判大一三・四・二二刑集三・三五三）。

同じく、銃砲火薬類取締法の事業を行うものの意義につき、同旨の判決がある。本件に於ては鉱業代理人は従業者と解されている。

【105】「原判決ノ判示事実ニ依レハ被告人ハ兵庫県養父郡関宮村吉井字瀬堂ケ谷所在ノ金銀鉱金昌金山ノ採掘権ヲ有シ昭和七年五月以来火薬類ヲ使用シテ右金山ノ採掘事業ヲ経営セル者ナルトコロ其ノ雇人ナル貫与友二ハ被告人ノ為ニ火薬類ヲ使用シテ右金山採掘ノ為ニ抗道拡張工事ニ従事中同年六月二日ヨリ同月二十一日迄

ノ間毎日其ノ使用残リトシテ「ダイナマイト」ハ九十六匁乃至五百七十匁火薬装塡ノ雷管ハ七箇乃至六十八箇存シタルニ其ノ間意思継続シテ毎日其ノ右残存火薬類ヲ法定火薬類貯蔵所タル火薬庫又ハ倉庫或ハ仮貯蔵所ニ非サル同金山第一抗道内ニ其ノ翌日迄貯蔵シ置キタルモノニシテ記録ヲ精査スルモ右原審ノ事実認定ニ重大ナル誤認アルコトヲ疑フニ足ルヘキ顕著ナル事由アルコトナシ然ラハ右貫与友二ノ行為ハ銃砲火薬類取締法施行規則第二十七条第二条ニ違反シ同規則第四十五条刑法第五十五条ニ該当スルカ故ニ被告人ハ銃砲火薬類取締法第二十一条第二十二条ニ依リ処罰ヲ免レサルハ勿論ニシテ縦令友二ハ原判決判示ノ如ク単純ナル被告人ノ雇人ニ非スシテ所論ノ如ク鉱業法施行細則第五十四条ニ依ル被告人ノ鉱業代理人ナリトスルモ被告人ハ同シク銃砲火薬類取締法第二十一条第二十二条ニ依リ処罰ヲ免レス蓋シ同法第二十一条ニ所謂行政官庁ノ許可ヲ受ケ銃砲火薬類ニ関スル事業ヲ行フ者トハ銃砲火薬類ノ営業者ニ非スシテ許可ヲ受ケ銃砲火薬類ノ一時的製造販売ヲ為ス者ハ勿論火薬類ヲ使用シテ工業鉱業等ヲ営ム者ヲモ指称スル法意ナルコト当院ノ判例トスル所ニ係リ又鉱業法施行細則第五十四条ニ依ル鉱業代理人ハ一種ノ委任代理人ナルコト同条ノ解釈上疑ナク而シテ銃砲火薬類取締法第二十一条ニ所謂代理人ハ斯カル委任代理人ヲモ包含スル趣旨ナリト解スルヲ正当トスレハナリ然ラハ原審ハ貫与友二カ被告人弁疏ノ如ク被告人ノ選任シタル鉱業代理人ナリトスルモ同シク銃砲火薬類取締法第二十一条ニ依リ処罰ヲ免レサル旨説明シタルハ正当ニシテ所論ノ如ク法律ノ解釈適用ヲ誤リタル違法アルコトナシ論旨孰レモ理由ナシ」（大判昭八・二・九 刑集一二・四一）。

次の判決は、他人名義を借りて営業しても名義人の営業とならないとする。本件は薬種商の免許を受けていない被告人甲がその免許を受けている乙の同意を得て、名義上は乙の営業として薬種商を営んだ事案につき、薬品営業並薬品取扱規則三九条ノ四第一号（薬種商ノ免許ヲ受ケスシテ薬種商ノ業ヲ為シタル者）に該当するとして処罰した原審を肯定したものである。

【106】「薬種商免許ヲ受ケサル被告人ニ於テ中川計雄ヨリ同人ノ薬種商免許鑑札ヲ借受ケタレハトテ之ニ依

リ同人ノ権利ヲ代行シ得サルコト明カナルヲ以テ被告人ニ於テ原判示ノ如ク薬品販売ヲ為スニ於テハ其ノ所為ハ同法三九条ノ四第一号ニ該当ス」（大判昭一三・六・二刑集一七・四一三）。

これらはいづれも事業の経済主体をもって責任者とするものであって、妥当とすべきである（美濃部・行政刑法概論三二頁）。

なお、酒類を製造する者、販売業者等の意義についてこれらの業務の事実上の主体を指すものとする判決がある。例示的に掲げておこう。

【107】「（酒造税法三二）条ニ所謂酒類ヲ製造スル者トハ事実上酒類ヲ製造スル者ニシテ其免許ヲ受ケタルト否トニ関セサルコトハ本院判例ノ認ムル所ナリ」（大判明三九・八・二八刑録一二・八八二）。

【108】「凡そ営利の目的をもつて継続反覆して一定の物品の販売をなす者であれば、これを販売業者にあたると解す可きであり、その者が他に主たる営業を有すると否とは何等影響を来たさないことについては昭和二六年（れ）七四二号、同年九月一一日第三小法廷判決、判例集五巻一〇号一九〇九頁以下の示すとおりである」（最決昭二七・五・一六裁判集刑六四）。

二　反対の判例

上記の判例と反対に、「事業ヲ行フ者」とは経済上の利害関係の帰属する主体ではなく許可を受けた名義人をいうとする判例もある。

次の判例は、漁業会社の従業者の銃砲火薬類取締法違反につき、利害計算上は会社の事業であるが本件火薬類に関する事業の許可名義人は会社の従業者たる被告人であるとして被告人を処罰したものである。本件は転嫁罰規定については業務主を処罰するときは行為者たる従業者を処罰しえないとする前掲判例【86】の後半である。なお、本件は従業者の意義についても判示している。

【109】「右法律第五十二号ヲ準用スルニ付テハ法人カ銃砲火薬類ノ営業者ナルカ又ハ行政官庁ノ許可ヲ得テ銃砲火薬類ニ関スル事業ヲ行フ者ナルコトヲ要スルハ同取締法第二十一条ニ依ル業務主ノ責任トノ権衡上之ヲ否定スヘキニ非ス然ルニ原審判決ノ認定シタル事実ハ被告人ハ北海道利尻郡鬼脇村字野中北海道鰊合同漁業株式会社第二十二号漁場岩石破砕工事ヲ施行スルニ当リ昭和八年五月三十日被告人個人名義ニテ所轄鬼脇警察所ヨリ爆薬四百匁有煙火薬百匁工業用雷管七十個及導火線百尺ノ譲受竝ニ之カ使用ノ各許可ヲ受ケタルモノナルトコロ被告人ノ使用人海老名一郎ハ前記工事ニ使用スル為同日右火薬類ノ譲渡人タル鬼脇村火薬類販売業伊香貞次郎ヨリ右火薬類中爆薬二百匁有煙火薬百匁工業用雷管三十五個及導火線五十尺ヲ受取リタル上同日ヨリ同年六月四日マテノ間又同年六月四日前示爆薬ノ残二百匁ヲ同様前記伊香貞次郎ヨリ受取リタル上同日ヨリ同月十日マテノ間孰レモ前記所轄警察官署ノ許可ヲ受クルコトナク法定ノ貯蔵場所ニアラサル利尻郡鬼脇村字野中第二十二号漁場第一倉庫ト称スル建物ニ之ヲ貯蔵シタルモノナリト謂フニアリテ同会社ハ銃砲火薬類ノ営業者ニ非サルコト明白ナリ又被告人ハ同会社鬼脇漁業区ノ区長トシテ同漁業区ノ鰊漁業並ニ之ニ附帯スル一切ノ業務ニ付責任ヲ負フモノナルコト原審公判ニ於ケル被告人ノ供述ニ依リ明ニシテ被告人カ同会社ノ判示漁場ノ岩石破砕工事ヲ施行スルニ当リテ同会社ノ承認ヲ得テ同会社ノ為所轄警察署ニ判示火薬類ノ譲受並ニ之カ使用許可ノ願出ヲ為シタルモノナルコト記録上之ヲ認メ得ヘキモ被告人ハ同会社ヲ代表スル資格ヲ有スル者ニ非スシテ本件火薬ノ譲受並ニ使用ノ許可ハ被告人個人ニ対シ与ヘラレタルモノナルヲ以テ同会社ハ右工事施行ニ付火薬類ノ譲受使用ノ許可ヲ受ケタル者ニ非サルコト亦明白ナリ従ツテ判示海老名一郎ノ違反行為ニ付テハ法人処罰ニ関スル右法律第五十二号ヲ準用スヘキ限ニ在ラス玆ニ於テカ右取締法第二十一条ニ依リ被告人ノ責任ヲ問フコトヲ得ルヤ否ヤヲ判定スルノ必要アリ乃チ本問題ヲ案スルニ同条ニ所謂銃砲火薬類ニ関スル事業ヲ行フ者タルニハ必スシモ其ノ事業ニ依リ経済上ノ利害関係ノ帰属スヘキ主体タルコトヲ要スルモノニ非スシテ銃砲火

薬類ノ営業者ヲ除クノ外凡ソ銃砲火薬ニ関スル取締ニ服スヘキ事業ニ付行政官庁ノ許可ヲ受ケ取締上ノ責任ヲ負担シタル者ヲ悉ク包含スルモノト解スルヲ至当ナリトス而シテ被告人カ警察所ノ許可ヲ受ケテ火薬ヲ譲受ケ且之ヲ使用シテ施行シタル判示岩石破砕工業ハ利害計算上ノ関係ニ於テハ素ヨリ判示会社ニ属スルモノニシテ被告人自身ノ事業ニ非スト雖右取締法第二十一条ノ意義ニ於テハ之ヲ被告人ノ事業ナリト認ムヘク即チ警察署ノ許可ヲ受ケテ判示火薬ニ関スル事業ヲ行ヒタル者ハ被告人ナリト認ムルヲ正当ナリトス同条ニ所謂従業者タルニハ必スシモ上叙ノ意義ニ於ケル事業施行者トノ間ニ於ケル契約ニ因リテ之カ雇人タルコトヲ要スルモノニ非スシテ其ノ監督ノ下ニ於テ右事業ニ使用セラルル者タルヲ以テ足リ判示海老名一郎ハ此ノ意味ニ於テ同条所謂従業者タルコト明白ナルカ故ニ同人ノ判示違反行為ニ付被告人カ右取締法令上ノ責任ヲ免レサルハ当然ナリトス然レハ則チ原判決カ判示海老名一郎ノ違反行為ニ付右取締法施行規則第二十七条第四十五条同取締法第二十一条ヲ適用シテ被告人ヲ処罰シタルハ正当ナリ」（大判昭九・四・二六刑集一三・五二七）。

本件について、美濃部博士は「事業ヲ行フ者」とは自己の計算において其の事業を行う者でなければならない、被告人が会社の従業者として会社のために会社の承認を得て許可を受けた以上は、その許可を受けてなす事業は会社の事業であり、従業者個人の事業ではなく、許可をうけた名義人は個人であっても、事実について何人の事業であるかを決定せねばならないとしていられる（美濃部・行政刑法概論三三、四頁）。美濃部説が妥当であろう。

次の判決は、鉱業権者が他人に鉱業権を賃貸し（斤先掘）石炭の請負掘をなさしめたところ故意に鉱区外に侵掘したという事案につき、請負掘は請負者が、自己の計算において採掘を為すものであるとしても、鉱業権者が責任を負うとするものである。

【110】「依テ按スルニ鉱業ノ経営ハ公安公益ニ重大ノ関係アルヲ以テ鉱業権者ハ全責任ヲ負担シ自身ニ又ハ

其鉱業代理人ヲ以テ之カ管理ヲ為スコトヲ必要トシ他人ニ其権利ヲ授与シ其者ノ責任ニ於テ之レカ管理経営ヲ為サシメ因テ自己ノ責任ヲ免ルルヲ得サルコトハ鉱業法及同法施行細則ニ照ラシテ歴歴之ヲ認ムルコトヲ得ルカ故ニ苟モ鉱業権者ノ権利ニ基キ鉱業ノ経営ニ従事スル者ハ鉱業者自身ノ選任又ハ許容ニ依ルト其鉱業代理人ノ選任又ハ許容ニ依ルトヲ問ハス又鉱業権者ノ計算ニ於テ之ニ従事スルト其者ノ計算ニ於テスルトニ論ナク総テ鉱業法第百四条ニ所謂鉱業権者ノ従業者ニ該当スルモノト解釈シ其鉱業ニ関スル行為ニ付テハ鉱業権者之レカ責ニ任スヘキモノト為スヲ相当トス又鉱業権者ノ従業者カ其鉱業ニ従事中自己ノ利益ノ為メ故意ニ鉱区外ニ侵掘シテ鉱物ヲ採取シタル場合ニ於テモ鉱業権者其責ニ任スヘキコトハ当院判例ノ認ムル所ニシテ此見解ハ今尚ホ之ヲ維持スルヲ相当ト思料ス又鉱業権者ニ於テ内実他人ニ権利ヲ譲渡スモ鉱業原簿ニ登録ヲ為スニアラサレハ譲渡ノ効力ヲ生セサルヲ以テ鉱業権者ノ責任ニ影響ヲ及ホスモノニアラス（中略）原判決ノ判示事実ヲ按スルニ被告ハ石炭鉱区ノ鉱業権ヲ有シ鷹取行蔵ヲ其鉱業代理人ト為シ同人ニ於テ甲斐喜作福田保千代相野長太郎ヲシテ該鉱区石炭ノ請負掘ヲ為サシメ居ル内該三名ハ孰レモ故意ヲ以テ右鉱区外ニ侵掘シ切込石炭ヲ採掘シ之ヲ他ニ売却又ハ費消シタリト云フニ在リテ請負掘ノ何タルヲ示ササルノ観ナキニアラスト雖モ原私訴判決ニ対照スルニ其所謂請負掘トハ俗ニ斤先掘ト称シ請負者ニ於テ鉱業権者ニ斤先金ナルモノヲ支払ヒ自己ノ計算ニ於テ採掘ヲ為スノ行為ヲ指称セルコト明ニシテ該請負掘ノ契約ハ被告ト直接ニ締結シタルモノニアラスシテ被告ノ鉱業代理人ト請負者トノ間ニ締結セラレタル趣旨ナルコトハ原判決ノ行文上洵ニ明ナリ而シテ此趣旨ニ依ルモ被告ハ右斤先掘者ノ鉱業法違反行為ニ対シ責任ヲ辞スルヲ得サルコトハ前示説明ニヨリテ明瞭ナルヲ以テ原判決ハ擬律錯誤又ハ理由不備ノ違法アルコトナシ」（大判大四・二・二七刑録二一・一六七）。

本件につき美濃部博士は鉱業権者でない者が鉱業を行うことは「法的な不能」であり、かつ鉱業権者は一に法律上の名義によつて決定すべきであるとして、判旨に賛成していられる（美濃部・前掲三九、四〇頁）。博士は法的な不能と違法とを区別していられるが、かような区別が妥当であるかは疑わしい。請負掘（斤先掘）契約それ自体を違法として処罰するならいざしらず権利を譲渡して相手方が完全にその者の計算において行う事業についてまで鉱業権者に責任を負わすことは妥当でないように思う。問題は請負掘（斤先掘）の性質にあるが、これをやはり一種の請負と見るべきであるなら、この判例は請負人を従業者と見る判例の見地に一致するものとして是認しうるであろう。

次の判決も同様である。上告趣意は営業者とは営業者自身の計算において営業を営むものをいい、名義人を指称するものではないとするが、判決はこれを斥けた。

【11】「牛乳ノ搾取販売ニ付営業ノ主体トナリテ行政官庁ノ認可ヲ受ケタルモノハ即チ牛乳営業取締規則ニ所謂牛乳営業者ニシテ自ラ其営業行為ヲ為スト他人ヲシテ己レニ代テ之ヲ為サシムルトヲ問ハス右営業規則ノ規定ヲ遵守スルノ義務アルハ勿論其代理人雇人従業者等ヲ監督シ違反行為ヲ為ササラシムルノ義務アルモノトス原判決ニ依レハ被告ハ自己ノ牛乳搾取販売ノ営業ヲ挙ケテ慶田景睦ニ譲渡シタル関係上同人ノ便宜ノ為メ其乞ヲ容レ同人ニ被告名義ヲ使用シ牛乳営業ヲ為スコトヲ許容シ居リタル処慶田ニ於テ堅粕町ナル営業場ニテ搾取シタル法定ノ脂肪量ヲ有セサル全乳ヲ雇人船越保六ヲシテ販売ノ目的ヲ以テ福岡市大浜町三丁目迄運搬セシメタルモノナリト云フニ在リテ官庁ニ対シテハ勿論第三者トノ取引関係上営業ノ主体タルヘキモノハ被告ニシテ景睦ハ被告ニ代ハリ其営業行為ヲ為シ居リタルモノト解スヘキ事実関係ナレハ景睦ハ牛乳営業取締規則第二十条第二項ニ所謂代理人ニ外ナラス故ニ同人ノ為シタル原判示違反行為ニ対シテハ被告ニ於テ同条項ノ規定ニ従ヒ其責ニ任セサルヘカラサル筋合ナルヲ以テ原判決ノ擬律ハ相当ニシテ本論旨ハ上告ノ理由ナキモノトス」（大判大八・五・一二刑録二五・六二九）。

しかし、この判決は単なる名義人を営業者となすと同時に自己の計算において営業を営む譲受人を従業者とする点で二重の誤りをおかしているというべきである（美濃部・前掲三七頁）。

酒造税法の製造営業人は免許者をいい実際に製造営業をなす者の誰なるかを問わないとする判決がある。

【112】「酒造税法ニ於テハ実際製造営業ヲ為ス者ノ誰タルヲ問ハス免許ヲ受ケタル者ヲ以テ製造営業人ト認ムヘキモノナレハ良シヤ喜安松太郎ハ被告ノ代理人名義ヲ籍リテ自己ノ為メ製造営業ヲ為シタルモノナリトスルモ其犯則行為ニ就テハ免許人タル被告ニ於テ其責ニ任セサルヲ得ス故ニ原院カ所論谷口愛吉ノ証言ニ依拠シテ被告ノ犯罪行為ヲ認メ酒造税法第三十二条ヲ適用シタルハ相当ニシテ原判決ニハ擬律ノ錯誤若クハ理由ノ齟齬アルコトナシ」(大判明四一・三・二六刑録一四・三二六)。

次の判決も銃砲火薬類取締法二一条の営業者とは名義上の主体をいうとして、名義人が勾留中で現実に営業を執行できないとしても、営業者としての処罰を免れないとする。

【113】「銃砲火薬類取締法第二十一条ノ営業者トハ自己ノ名義ヲ以テ銃砲火薬類ノ営業ヲ為ス者ヲ指称スルモノナレハ同条ノ営業者タルニハ必スシモ該営業事務ヲ現実執行スル者タルコトヲ要セス故ニ営業者タル名義ヲ有スルノミニシテ疾病旅行其他諸般ノ事情ニ因リ現実ニ営業事務ヲ執リ家族雇人其他ノ従業者等ヲ監督スル能ハサル地位ニ在リタル場合ト雖モ苟モ家族雇人其他ノ従業者等其営業ニ関シテ取締法及ヒ同法ニ基キ発シタル命令ノ規定ニ違背シタルトキハ営業者ハ現実営業事務ヲ執行シ能ハサル地位ニ在リタルニ籍口シテ其責ヲ免ルル能ハサルヤ疑ヲ容レス故ニ被告量蔵ニ対スル原判示第四ノ事実カ被告人ノ本件第一ノ事実ニ付キ勾留中ニ於テ雇人ニ依リテ行ハレタリトスルモ被告人ハ其罪責ヲ免ルルヲ得ス」(大判大六・七・九新聞一二九二・二九、特別法判例総覧刑事編上)。

両罰規定により業務主責任が発生した以上は後に廃業して業務主たる地位を有しなくなっても処罰を免れえないことは当然である。次の判決はこれを示している。

【114】「所論臨時措置ニ関スル法律第七条ノ規定ニ基ク事業主ノ刑事責任ハ事業主ノ営業中ニ代理人使用人

其ノ他ノ従業者カ同条所定ノ違反行為ヲ為シタルトキ当然発生シ事業主カ其ノ後該事業ヲ廃止シ事業主タル地位ヲ有セサルニ至リタル後ニ於テモ依然トシテ其ノ責任ヲ負ハサルヘカラサルモノナルコトハ恰モ官吏カ其ノ在職中ニ犯シタル瀆職行為ニ付退職後ト雖其ノ罪責ヲ免ルルコトヲ得サルト異ルコトナキカ故ニ苟モ鉄鋼販売業者タル被告人ノ営業継続中其ノ従業者タル相被告人芹生竜夫カ被告人ノ業務ニ関シ鋼材ノ無票販売ヲ為シタルコト判示ノ如クナル以上縦令被告人カ其ノ後該営業ヲ廃止シタルコト所論ノ如クナリトスルモ到底前記法条ノ規定ニ基ク刑事責任ヲ免ルヘキニ非サルヤ勿論ナリト云フヘク原審カ判示事実ニ対シテ判示ノ如キ擬律ノ下ニ被告人ヲ処断シタルハ相当ニシテ所論ノ如キ違法ナキヲ以テ論旨ハ理由ナシ」（大判昭一八・三・二四新聞四八四五・五）。

三　業務主に当らぬ場合

事業主に当らぬ場合として、次の高裁判決がある。すなわち、事業主たる法人の事務所長は、労働者災害補償保険法施行規則二条により代理人に選任せられていると否とにかかわらず、他の従業員がした違反行為について、同保険法五四条の両罰規定に基づいて処罰されることはないとする。

【115】「原判決は被告人桑名金蔵につき本件公訴事実である「被告人桑名金蔵は兵庫県朝来郡山口村新井七百七十七番地に於て、常時労働者五名以上を使用して木材加工の事業を行い、並に常時労働者を使用して植林立木の伐採業を営む労働者災害補償保険法第三条に所謂強制適用事業である日本土地山林株式会社の新井事務所長として、同事務所の一切の業務を担当し、同法に関する保険加入者の業務についても事業主に代つて之を処理すべき代理人であり、被告人園田辰次郎は同事務所に雇はれ、庶務係として労働者災害補償保険に関する事務を処理していた使用人であるが、（中略）」との事実を認定し、これに対し労働者災害補償保険法第五十二条第一号第五十四条を適用しているのであつて、これによれば本件は同法第五十四条の所謂両罰規定に基き、被告人桑名金蔵を処断したものと解せられるのである。日本土地山林株式会社の庶務係なる従業員園田辰次郎が同会社の業務に関してなした行為につき、被告人桑名

しかし同法第五十四条の規定により、従業者が業務に関しなした違反行為に基き罪責を負担するのは、該従業者を使用する法人又は人であつて、その他の者に及ばないことは規定自身よりして、明らかなところである。然るに本件公訴事実は前示の通りで、被告人桑名金蔵は日本土地山林株式会社の新井事務所長として同事務所の一切の業務を担当していた者ではあるが法人そのものではないし、又同被告人自身が違反行為をしたものというのでもないから、同被告人が労働者災害補償保険法施行規則第二条により事業主より代理人に選任されていると否とにかかわらず、相被告人園田辰次郎がした右違反行為に基きこれを処罰することはできない。然らば被告人桑名金蔵に対する本件公訴事実は罪とならないのに、前記法条を適用し有罪の言渡をした原判決は法令の適用を誤つたものでこの誤が判決に影響すること勿論であるから、本論旨は理由がある」（大阪高判昭二九・五・三一刑集七・五・七三五）。

九　従業者の意義

従業者の意義については、判例は鉱業代理人、請負人及び請負人の従業員等々を従業員としていることは前章に述べたとおりである。もつとも、請負についてはその態容は必ずしも一様でなく実質的に選任監督の関係が認められる場合もあり独立に業務を行う場合もある。一般には請負契約によつて事業に従事する者は事業の主体でなく従業者に止るものと解されているが（美濃部・行政刑法概論四〇、四一頁、神田・前掲五八頁）、むしろ独立に業務を行う場合の方が本来の姿ではなかろうか。民法七一六条も請負人の仕事について原則として註文者が責任を負わない旨を規定している。民事判例が実質上の関係により民法七一五条適用の有無を決定している点を参考にすべきであろう（加藤「不法行為法」法律学全集二二・一七〇、一頁）。

従業者の意義につき、さきに掲げた判例【109】は「同条ニ所謂従業者タルニハ必スシモ上叙ノ意義ニ於ケル事業施行者トノ間ニ於ケル契約ニ因リテ之カ雇人タルコトヲ要スルモノニ非スシテ其ノ監督ノ下ニ於テ右事業ニ使用セラルル者タルヲ以テ足リ」としている。

次の判例は事業主が自ら雇傭した者ではなく、事業主の雇人が更に自己の補助者として使用している者でも事業主の従業者であるとしている。

【116】「仲買人ノ雇人カ他人ヲ利用シテ雇主ノ業務ニ属スル行為ニ従事セシメタルトキハ雇人自ラ其行為ヲ為シタルト同一視スルコトヲ得ルノミナラス其被利用者カ継続的ニ右行為ニ従事スルトキハ取引所法第三十二条ノ六ニ所謂従業者ニ該当スルコト勿論ニシテ原判旨ニ徴スルトキハ此意味ニ於テ判示萩本広蔵ハ被告信太郎ノ従業者ニ外ナラス而シテ雇人カ其他ノ従業者ヲシテ仲買人ノ業務ニ関スル行為ヲ為サシムル場合ニ於テモ該法条ノ適用ヲ為スヘキハ疑ヲ容ルヘキ所ニアラサルカ故ニ原判決カ判示事実ニ付キ前掲法条及同法第十一条ノ四第一項第三十二条等ヲ適用シタルハ毫モ不法ニアラス」（大判大七・四・二四刑録二四・三九二）。

次の判決は火薬運搬の許可を受けた被告運送業者が運搬の一部を行い其の余の部分を他の運送業者に託したところ後者の雇人が違反行為をしたという事案につき、被告人により運搬を命じられた者ではないとしても被告人の従業者に該当するとしている。

【117】「原判決ノ確定セル事実ハ被告ハ運送業者ニシテ野原林之助カ西島岩助ヘ売渡シタル火薬二百十三貫六百匁ヲ京都府宇治郡宇治村陸軍火薬庫ヨリ兵庫県養父郡八鹿町所在ノ買主所有倉庫ヘ運搬スルコトヲ右売主ヨリ委託セラレテ被告自ラ京都府醍醐警察署ヨリ其運搬ノ許可ヲ受ケ進テ其運搬ノ一部ヲ行ヒタル後其余ノ部分ヲ運送取次者弘運社ニ託シタル所弘運社ノ雇人タル上延貞治外両名ハ其運搬ノ途中ニ於テ之ニ看守人ヲ附セス且ツ其地ノ警察署ニ届出ヲ為サスシテ宿泊シタリト云フニ在リテ上延貞治外二名ノ所為ハ銃砲火薬類取締法

施行細則第三十九条第八号ニ違反シタルモノニシテ同細則第五十四条ニ該当スルモ銃砲火薬類取締法第二十一条ニ依レハ行政官庁ノ許可ヲ受ケ銃砲火薬ニ関スル事業ヲ行フ者ハ其代理人戸主家族同居者雇人其他ノ従業者ニシテ其事業ニ関シテ本法又ハ本法ニ基キテ発スル命令ニ違反シタルトキハ自己ノ指揮ニ出テサルノ故ヲ以テ処罰ヲ免ルルコトヲ得サル旨ヲ規定セリ今直接ニ上記三名ニ之カ運搬ヲ命シタル者ハ其雇主タル弘運社ニシテ被告ニハ非ストスルモ本件被告ノ如ク自ラ所轄警察署ヨリ火薬運搬ニ対スル許可ヲ受ケ則チ火薬ニ関スル事業ヲ行フ者トナリタル以上ハ其許可ヲ受ケタル者ト其者ヨリ更ニ運搬ヲ委託セラレタル者若クハ之カ雇人等トノ相対的関係如何ニ拘ラス苟モ此許可済ノ運搬ノ終了スルマテノ間ニ其運搬ニ従事スル者ニシテ其許可ヲ受ケタル事業者本人ノ代理人戸主家族同居者若クハ雇人ニ非サル者ハ総テ右第二十一条ニ所謂従業者ナリトシ従テ其事業者ハ同条ノ適用ヲ受クル者ト解セサルヘカラス若シ然ラスシテ警察署ヨリ一度許可アリタル運搬ノ中途ニ於テ運搬者ノ都合ニ依リ之カ従業者ノ交替アリタル場合ニ於テハ当初許可ヲ受ケタル者ハ全然取締法上ノ責任ヲ免脱シ得ルモノナリトセハ少クトモ新運搬者ノ未タ許可ヲ受クル手続ヲ為ササル間ハ運搬途中ニ於ケル之等危険物ヨリ生シ得ヘキ危害ヲ予防セントスル右取締法令ノ趣旨ヲ貫徹スル能ハサルニ至ル虞アレハナリ従テ被告ニ於テ銃砲火薬類取締法第二十一条ニ基キ前顕同法施行細則第三十八条ニ違反シタルモノトシテ同細則第五十四条ノ責任ヲ免ルルコトヲ得サルモノトス」(大判大二・九・三〇刑録一九・八九九)。

最高裁は物価統制令四〇条の両罰規定における従業者の意義について業務主との特定の関係に基づいて事実上その業務に従事する者をいうとしている。

【118】「所論は、被告人の兄たる井上一男の経営する井上工業所従業員であり、被告人の業務に関して被告人所有の牛甲革を馬口善次郎の仲介により販売したことの証拠が十分でないというのであるが、物価統制令第四〇条にいう「其ノ他ノ従業者」というのは、代理人、使用人等被告人との特定の関係に基いて事実上その業務に従事しているものを指称するものと解すべきものであるから、原判決挙示の証拠によつて右一男が被告人

の従業者であることを認められないことはないし、また同人が被告人の業務に関して被告人所有の牛甲革を馬口善次郎の仲介により中村喜代一に販売したことも認められないではない。されば原判決には、所論のような理由不備はないのである」（最判昭二六・九・四裁判集刑五二）。

従業者の意義について美濃部博士は、「必ずしも事業主自身が自ら直接に其の事業に従事せしめて居る者であることを要しない。事業の経営という集団的生活に於いて、直接又は間接に事業主の統制監督の下に其の事業に従事する者は、何れも法令に所謂「従業者」に該当するものである」といわれる（美濃部・行政刑法概論四三頁）。更に、「それは必ずしも事業主との間に継続的な雇傭関係又は其の他の身分上の関係あることを要するものではなく、一時的に其の事業に関して特定の事務に従事する者であつても、自己の独立の業務としてではなく、事業主の監督の下に事業主の業務に従事するものであれば、等しく此の意味に於いての従業者たることを失はない」としていられる（美濃部・経済刑法の基礎理論四六頁）。妥当な見解であろう。

次の判決は、従犯として処罰した事件であるが美濃部博士はこれを国家総動員法四八条の従業者として正犯とみるべきであると主張されている（美濃部・前掲四七頁）。この事件は鉱油販売業者甲が交友関係のある乙に朝鮮方面からカーバイトの買入斡旋方を依頼し、乙はこれを甲のために自己の名をもつて朝鮮の某会社にカーバイト超過価格買入の電報を発し、会社から承諾の通知があり、これにより甲はカーバトイの超過価格買入をなしたものである。

【119】「原判示ニ依レハ被告人義治ハ鉱油販売業唯岡三千雄カ朝鮮清津府水南洞所在朝鮮水産化工株式会社ヨリB印級カーバイトヲ昭和十四年山口県告示第五百三十五号指定ノ価格ヲ超エテ買受クルニ当リ同人ノ依頼ヲ受ケ下関市ヨリ同会社取締役長久忠ニ対シ同人名義ヲ以テ買入ノ申込ヲ為シ同会社ヨリ承諾ノ通知ヲ受ケ御

買ノ契約ヲ為サシメ唯岡ヲシテ下関市岬之町税関西側岸壁ニ於テ右物品ノ引渡ヲ受クルニ当リ之カ仲介斡旋ヲ為シ以テ唯岡ノ右公定価格違反ノカーバイト卸買契約ノ締結並代金ノ支払ヲ容易ナラシメ之ヲ幇助シタリト云フニ在ルヲ以テ右カーバイトニ付朝鮮ニ於テ公定価格ヲ超エサル場合ト雖右山口県告示ノ違反タルコト明ナリ（中略）更ニ記録ニ徴スルモ原判決ニ重大ナル事実ノ誤認アルコトヲ疑フニ足ルヘキ顕著ナル事由アルヲ認メス」（大判昭一六・六・二三刑集二〇・三八五）。

本件では乙は甲の従業員と見てよいようにも思う。何故なら、乙は甲の依頼を受け甲のためにその業務に関し売買交渉を行い甲に代つて自己の名で契約したのであるから、一時的ではあるが甲の代理人に該当するからである（美濃部・前掲四七頁）。もつともこの場合甲も直接違反行為に参加しているから、両罰規定の適用を見るべきではなく、両者の共同正犯と認めるべきであるかも知れない。

次の判決は、某公立病院の薬剤師が薬剤に関して犯則行為をなした事実につき原審が同病院に雇われている院長を責任者として処罰したのを薬剤師は院長の従業者に当らずとして破棄したものである。

【120】「医師ハ其代理人戸主家族同居人雇人其ノ他ノ従業者ニシテ医師ノ業務ニ関シ為シタル行為ハ同規則第四十一条ノ四ニ依リ医師自ラ其責ニ任スヘキモ薬剤師ニシテ医師ト共ニ他ノ病院ニ傭聘セラレ各自其職責ヲ異ニスル業務ヲ担当スル場合ハ仮令薬剤師ハ医師ノ監督ノ下ニ在ルモ薬品営業並薬品取扱規則上薬剤ヲ調合スルハ薬剤師ノ職責ニ属スル当然ノ業務ナレハ右薬剤師ハ医師ノ従業者ニアラス従テ其薬剤ニ関スル行為ニシテ前記規則ニ違背スル所アルモ之ヲ以テ第四十三条ニ所謂医師自ラ薬剤ヲ調合シタル者ト云フヲ得サレハ医師ニ於テ其責ニ任スヘキ謂レナシ」（大判大二・三・一〇刑録一九・三一五）。

さて、転嫁罰規定では「代理人戸主家族雇人其の他の従業者」が違反行為をしたときはとあるが両罰規定では「代理人若は使用人其の他の従業者」となつており、家族等は特に掲げられていない。そこで、妻が夫の業務に関して違反行為をしたときは当然に両罰規定の「代理人若は使用人其の他の従業者」に該当するものか否かにつき問題がある。次の東京控訴院上告審判決はこれを否定している。事実は製革業者の妻が法定の除外事由なく夫の業務に関し牛革を超過価格で販売したというのであり、原審は国家総動員法四八条を適用して夫を罰金に処した。上告趣意は、「上告人ハ二月四日広島ニ向ヒ東京ヲ出発不在中ナルノミナラス而モ鍵ヲカケテ蔵ツテ云々其ノ鍵ヲ破リテ妻カ之ヲ売却シタルハ妻自身該法令違反被告事件ヲ惹起スルハ格別本件上告人ニ対シ原審ノ刑ヲ科シタルハ違法」とする。判決は原判決を破棄して差戻した。

【121】「仍テ按スルニ原判決ノ判示セルトコロハ被告人ハ製革業ヲ営ムモノナルトコロ其ノ妻ちよハ法定ノ除外事由ナキニ拘ラス被告人ノ業務ニ関シ原判示違反行為ヲ為シタリト謂フニ在リテ右ちよカ被告人ノ代理人若ハ使用人其ノ他ノ従業者トシテ判示違反ヲ為シタルコトヲ判示セサルノミナラス之ヲ原判決ノ引用証拠ヨリ観ルニ原審公判ニ於ケル被告人ノ供述ハ論旨摘録ノ如クニシテ結局女カ被告人ノ判示営業ニ関シ代理人若ハ使用人其ノ他ノ従業者トシテ違反行為ニ出テタルモノニ非サルコトヲ主張セルモノト謂フヘク然カモ原判決ハ被告人ノ供述ノミヲ断罪ノ資ニ供シタル事実ニ鑑レハ原判決ノ上叙判示ヲ以テシテハ同女カ被告人ノ代理人等トシテ判示犯行ニ出テタルモノナリヤ否ヲ知ルニ由ナク畢竟国家総動員法第四十八条所定ノ営業者処罰ノ判示トシテハ理由不備タルヲ免レス」（東京控判昭一七・九・一七刑集二一・一一六、控訴院上告刑事判例集三一頁）。

この判決に対して、美濃部博士は妻が夫の業務を補助することは当然の任務であり、夫の業務に関してなしたことが明示されている以上はその従業者としてなしたことは明瞭であるとして反対していられる（美濃部・経済刑法の基礎理論四八頁）。なお、博士は両罰規定についても転嫁罰規定におけると同様に家族たることが明示されている以上代理人又は従業者たることを判示しなくても理由不備の違法あるものではないとされる(美濃部・国家五七巻三号一二四頁)。これに対し、団藤教授は転嫁罰規定についてもその「代理人戸主家族同居者雇人」は「従業者」の例示であるが、これらが常に当然に従業者に該当するものでないとし、それらの従業者に非ざる戸主家族等が違反行為をしても業務主の責任を問うことができない、従業者たることは「罪ト為ルヘキ事実」(刑訴三六〇条一項)であり構成要件要素であるとして判旨に賛成していられる(団藤・刑評五巻二六五頁以下)。戸主家族等を列挙する規定につき更にこれが従業者に該当するか否かを確定する必要はないと思うが、両罰規定については妻は常に当然に従業者であるとはいいえないであろう。例えば長く別居している妻がたまたま夫の業務に関して違反行為をしたような場合は従業者とはいいえないであろう。そのような意味で判旨に賛成してよいと思う。

なお、従業員の概念について、団藤教授は「業務の組織の中に編入せられている者」をいうとせられるようであるが(団藤・前掲二六八頁)、業務主の監督に服し業務主のために働く者はすべて従業者といつてよいのではないかと思う。

両罰規定において違反行為を為す「行為者」の中には直接違反行為をなした正犯者の外に教唆幇助者をも含むか否かについても問題がある。美濃部博士は否定説をとりその理由としては多数の従業者を使用する事業においては多くの従業者が実行に関与することが考えられるが、これらすべてを責任者として処罰することは法律の趣旨と認められないこと、及び、主犯者の処罰で立法の目的は達せられることをあげていられる(美濃部・経済刑法の基礎理論四九頁)。しかし、両罰規定により各本条の命令禁止はすべての従業者に対して向けられていると解釈される以上、正犯に加功する従業者についても犯罪が成立すると解するのが妥当であろう。

なお、次の朝鮮高等法院判決は共同事業者の一人が業務を担当しているときはその者は他の事業主の代理人となるとしている。

【122】「原判示認定ニ依レハ被告人Aハ労務ヲ提供シ同Bハ金銭ヲ出資シ××社ナル商号ヲ以テ雑貨商ヲ共同経営シ被告人Aニ於テ其ノ業務ヲ担当遂行シタルモノナルカ故ニ同被告人ハ該業務担当ノ範囲ニ於テハ被告人Bノ代理人タル者ニ外ナラサレハ被告人Aニ於テ会社ノ業務ニ関シ叙上違反行為ヲ為シタル以上被告人Bハ犯意ヲ有セスシテ国家総動員法第四十八条ノ罪責ヲ免レサルコト当然ナリ原審カ被告人三名ニ対シ判示事実ヲ認定シテ判示法条ニ問擬シタルハ洵ニ正当ニシテ所論ノ如キ違法一モ存スルコトナク論旨ハ原判決ヲ正解セサルモノニシテ採ルニ足ラス」(朝高院判昭一七・一〇・二九 判例体系経済統制法総論七八)。

一〇　業務に関する違反行為の意義

一　業　務

両罰規定は従業者が法人又は人の業務に関して違反行為を行ったことを要件としている。

業務の意義については業務上過失往来妨害罪(一二九条二項)、秘密漏泄罪(一三四条)、業務上過失致死傷罪(二一一条)、業務妨害罪(二三三、二三四条)、業務上横領罪(二五三条)などにつき判例が集積している。業務の意義はすべての犯罪について必ずしも一様ではないが、それらに共通な基本的な概念は両罰規定にも妥当するものと思われる。

業務の概念に関するこれらの判例を例示的に掲げてみよう。

【123】「刑法第二百十一条ニ所謂業務トハ各人カ社会生活上ノ地位ニ基キ継続シテ行フ事務ノ謂ニシテ其ノ事務カ主タル職業ナルコトハ必要ノ要件ニ非ス」（大判大一二・八・一刑集二・六七三）。

【124】「刑法一二九条二項、二一一条にいわゆる業務とは各人が社会生活上の地位に基き継続して行う事務のことであつて、本務たると兼務たるとを問わない」（最判昭二六・六・七刑集五・七・一二三六）。

【125】「刑法第二百十一条ニ所謂業務トハ人カ継続シテ或事務ヲ行フニ付有スル社会生活上ノ地位ニシテ其自ラ選定シタルモノヲ云ヒ其事務ノ公私孰レタルト報酬利益ヲ伴フト否トヲ分タス又其者ノ主タル事務ナルト従タル事務ナルトニ何等ノ関係アルコトナク」（大判大八・一一・一三刑録二五・一〇八一）。

【126】「刑法第二百十一条ニ所謂業務トハ人カ社会生活上ノ地位ニ基キ反覆継続シテ行フ事務ヲ謂フモノト解スルヲ相当トスヘク其ノ事務カ営利ノ目的ニ出テタルト将又其ノ事務カ主トシテ為スモノナルト附随的ニ為スモノナルトヲ問ハサルモノトス」（大判昭一四・五・二三刑集一八・二八三）。

【127】「刑法第二百三十三条ニ所謂業務ハ公務ヲ除ク外精神的ナルト経済的ナルトヲ問ハス汎ク職業其他継続シテ従事スルコトヲ要スヘキ事務又ハ事業ヲ総称スル者ナルコト立法ノ趣旨ニ徴シ疑ヲ容レス」（大判大一〇・一〇・二四刑録二七・六四三）。

次の判決は両罰規定ではないが、業務の意義を示したものとして掲げておこう。

【128】「然レトモ利益ヲ得ルノ目的ヲ以テ継続反覆シテ鉄鋼ノ販売ヲ為ス者ハ即チ鉄鋼ノ販売業者ナリト謂フヘク其ノ者カ他ニ主タル営業ヲ有スルト否ト若クハ其販売回数ノ多寡ノ如キハ其ノ者ノ販売業者タルコトニ何等影響ヲ来ササルモノトス而シテ原判示ニ依レハ被告人ハ鋳造業ヲ営ミ居タルトコロ昭和十四年三月末頃寿

重工業株式会社ヨリ旋盤ノ製作ヲ下請シ将来同社ヨリ之カ原料タル銑鉄ノ支給ヲ受クルコトトナリタルヨリ銑鉄ノ品不足ナルニ乗シ営利ノ目的ヲ以テ継続的ニ該銑鉄ヲ他ニ販売センコトヲ意図スルニ至リ同年四月十七日頃ヨリ同月二十六日頃迄ノ間四回ニ亘リ犯意ヲ継続シテ居宅ニ於テ法定ノ除外事由ナキニ拘ラス鉄鋼使用者タル鋳造業者伊藤才治郎外三名ニ対シ銑鉄合計七十六瓲八百瓩ヲ所要ノ鉄鋼割当証明書ト引換ヘスシテ一瓲二百九十円ノ割合ニテ販売シタルモノナルカ故ニ被告人カ鉄鋼配給統制規則第二条ニ所謂鉄鋼販売業者ニ外ナラスシテ判示銑鉄ノ販売ハ即チ右販売業者トシテ之ヲ為シタルモノナルコト洵ニ明ナリトス然ラハ右判示所為ハ同規則第二条ニ違反スルコト勿論ナルヲ以テ原判決ニハ所論ノ如キ違法アルモノニアラス論旨理由ナシ」(大判昭一五・二・二四刑集一九・四四)。

【129】「貸金業の取締に関する法律二条にいう貸金業とは、反覆継続の意思をもつて、金銭の貸付又は金銭の貸借の媒介をする行為をすれば足り、必しも報酬又は利益を得る意思若しくは現にこれを得た事実を必要としないと解するを相当とする。原判決のこの点に関する判示説明は正当であつてその解釈に違法はない。されば所論は、貸金業の意義について独自の見解を主張し原判決を非難するのであつて論旨は理由がない」(最決昭二八・二・三裁判集刑七三)。

法人については業務は定款に定められたものに限るか否かについて多数の判決がある。

次の判決は、織物製造販売業を営む会社の従業員がステープルファイバー糸を超過価格をもつて販売した事実につき、原審において輸出入品等臨時措置法七条の両罰規定により会社を有罪としたのに対し、会社は織物の製造販売を営業とし、原糸の販売はその業務ではなく会社の定款にも掲げられていないから、それは会社の業務に関して為されたものではなく、会社は責任を負うべきでないと主張して上告したのを排斥したものである。

【130】「輸出入品等ニ関スル臨時措置ニ関スル法律第七条ニ所謂業務トハ人ノ社会上ノ地位ニ基キ継続シテ行フ事務ノ謂ニシテ其ノ業務カ所論ノ如キ量的多大性収益性並間断ナキ反覆性ヲ具有シ且該業務カ定款ニ於テ明定セラレ若ハ商業登記ヲ経タルコトヲ要セサルモノト解スルヲ相当トス蓋シ業務カ斯ル性質ヲ有セス且斯ル手続ヲ践マサルトキト雖右業務ニ関シテ為シタル前記法律違反行為ヲ取締ルニ非サレハ所論法令ノ目的タル物価統制ノ実ヲ挙クルコト困難ナルヘキヲ以テナリ」（大判昭一五・二・一 五刑集一九・三一）。

学説も亦、この判決の趣旨に賛成している（美濃部・経済刑法の基礎理論三四頁、田中「経済統制罰に関する法律上の諸問題」法協六〇巻三号八三頁、武安・刑評三巻一四頁、福田・行政刑法五九頁）。

次の控訴院判決も定款の目的を達するに相当又は有益な行為も業務の中に包含するとしている。

【131】「国家総動員法第四十八条ニ所謂法人業務トハ其ノ社会上ノ地位ニ基キ継続シテ行フ事務ヲ謂ヒ而シテ其ノ行ヒ得ヘキ業務ノ範囲ハ必スシモ定款ニ其ノ目的トシテ記載セラレタル業務ニ限定セラルルモノニ非スシテ其ノ目的ヲ遂行スルニ必要ナル行為ハ勿論其ノ目的ヲ達スルニ相当又ハ有益ナル行為モ亦其ノ業務ノ中ニ包含セラルルモノト解スルヲ相当トス而シテ原判決挙示ノ証拠ニ依レハ海陸産物ノ貿易並委託売買業ヲ営業ノ目的ト為ス被告人会社ノ乾魚部主任岡沢繁雄ニ於テ被告人会社ヲ売買当事者トシテ乾魚類其ノ他ノ物品ヲ原判示ノ如ク卸販売セル所為ハ被告人会社ノ定款ニ其ノ目的業務トシテ記載セラレタル所ニ属セストスルモ少クトモ其ノ目的ヲ達スルニ相当又ハ有益ナル行為ニ属スルモノト認ムルコトヲ得ルヲ以テ右岡沢繁雄ノ原判示卸販売ノ所為ハ結局被告人会社ノ所謂業務ニ関シ為シタルモノナルコト明カニシテ原判決ニハ毫モ法律ヲ不当ニ適用シタル違法アリト謂フヲ得ス」（長崎控判昭一七・一二・二八評論三二刑法二一）。

次の最高裁判決も「法人の取引上の地位に基いて、その業務としての客観性が認められる程度に一定の取引又は事業を遂行する場合をも含む」としている。事案は、被告会社は製鉄等及その附帯事業と同種事業に対する投資並に土木建築請負業を営んでいるものであるが、同会社の取締役として同社富山支社の業務を管理していた被告人甲と右支社土建部長として資材購入販売等の業務を担当していた被告人乙とが共謀の上又は乙が単独で同会社の業務に関し板硝子をその統制額を超えて売買したというのであつて、原審は物価統制法四〇条の両罰規定を適用した。上告趣意は会社の定款には土木建築請負業を営む旨の条項がなく、商業登記もされておらず、又、土木建築請負業を行うには官庁の許可を必要としたので当時その許可を得ていなかつた被告会社が継続して土木建築の請負業を営むことはありえないから、本件行為は会社の業務とは全然関係がないと主張するものである。

【132】「物価統制令四〇条の法人の業務は、必ずしも法人の定款に定めた事業に限らるべきものでなく、その定款に定めがなくとも、法人の取引上の地位に基いて、その業務としての客観性が認められる程度に一定の取引又は事業を遂行する場合をも含むものと解するのを相当とする。被告会社は富山市に通称支社を置き又その支社に土建部を設けて富山県から依頼を受けて宇奈月温泉の復旧工事に当つていたものであることは、原判決挙示の証拠たる被告人大谷の供述等により認められるから本件違反行為当時たとい土木建築請負事業について其筋からまだ認可がなく又定款にその条項がなかつたとしても、右事業は県当局その他一般取引関係において客観的にも被告会社の業務たる性質を帯びていたものである。この見地から原判決は被告会社が土木建築業を営んでいたものと判示したと解すべきである。然らば右業務に関して被告人大谷及び開が判示物価統制令違反の行為をしたものであるから原判決が被告会社に同令四〇条を適用処断したのは正当であつて原判決には所論の違法はない。論旨は採用できない」(最判昭二五・一〇・六刑集四・一〇・一九三六)。

次の最高裁決定も定款と「事業の範囲」に関するものである。原判決は被告会社の目的は物品販売、繊維工業、製網工業其の他之に附帯する一般の業となつているが、砂糖消費税法に所謂業務とは人の社会上の地位に基づき継続して行う事務のことであつて、該事務が定款に明定され又は商業登記を経たことを要しないとし、本件では重役一同の決議に基づき会社名義をもつて税務署に届出をなした上砂糖製造を始め多数の註文により委託加工を営みかつ計理面においても一切会社のものとして処理しており、従つて会社の業務に関するものとした。弁護人は法人の犯罪無能力の見地から法人処罰には厳格な解釈を要するとして上告した。

【133】「上告趣意第一点は、違憲をいうが、所論砂糖消費税法一七条にいわゆる「法人の業務」は、必ずしも法人の定款に定められた事業に限るものではなく、法人が自己の計算において反覆継続の意思をもつて行う事業をも含むものと解するを相当とする（判例集四巻一〇号一九三六頁参照）。従つて、原判示は正当であり、違憲の論旨は前提を欠き採るを得ない。また引用の判例は本件に適切でない」（最決昭二九・五・六裁判集九五）。

次の高裁判決も目的たる事業遂行に必要なものは業務に該当するとする。

【134】「次に本件違反行為は被告会社の本来の業務の範囲に属するものでないから被告会社を処罰するのは失当であるとの主張について検討すると被告会社が電気の供給等の事業そのものに関する業務を指称する許りでなくその事業に関連し若しくはその事業の遂行上に必要な業務をも包含するものと解するのが相当である。原判決挙示の証拠内容を精査すると被告会社徳島支店には勤労課が設けられその課内に厚生係があり厚生係は事務分掌規程により会社従業員の「住宅衣服その他実物給与に関する事項」及「生活物資の斡旋配給に関する事項」等の事務を処理するものと定められ本件取引当時は右支店には八百余名の会社従業員が勤務し十一名の厚生係を置いて右所管事務の処理に当らせていたもので村田孝外前記三名は右厚生係として勤務中その所管事務として判示の通り会社従業員に配給する生活物資を買受けたものであることを確認することができる。即ち右厚生係の管掌する業務は被告会社の目的である配電事業又は之と直接関連する業務と云い得ないけれどもその事業遂行の為必要なればこそ課・係を常設して之が処理に当らせたものであるから物価統制令第四十条に謂う法人の業務に該るのであつてその業務に従事する者が同条所定の違反行為に出るものである以上被告会社に

於て処罰を免がれることはできない」（高松高判昭二六・四・二四刑集四・五・四七〇）。

次の高裁判決は両罰規定に関するものではないが、業務に関する事例として掲げておく。なお、本件で犯罪を目的とする会社はありえないから違反行為は業務に非ずとの所論を排斥しているのは注目される。

【135】「原判決は「被告人は普通貨物自動車運送事業その他之に関連した一切の事業を営むことを目的とする本所運送株式会社の参与として同会社のため官庁との連絡その他雑用を担当していた者であるが右会社に従業員の労働争議があり資金に困つていたところから右会社の業務に関し会社の利益の一部とするため営利の目的を以て法定の除外事由なきに拘らず右会社のため物価統制令第九条の二違反の所為をなした」事実即ち判示会社の従業者たる被告人が右会社の業務に関し判示所為を犯した事実を認定したものであるが、右事実はその挙示する証拠を綜合して十分に之を肯認することができる。所論は元来犯罪を事業目的とする会社はあり得ないから右所為は会社の業務ではないと極論するが、その当らないことは云うまでもない、尤も前記会社は「運送事業その他之に関連した一切の事業を営むこと」を目的とし「自動車の販売を業とするもの」でないことは明らかであるが、玆に「その業務」とは定款において明定したものに限ることなく又被告人の右会社における担当事務の範囲権限、及び販売行為の目的がいずれも原判示の如くである以上被告人の本件所為が右会社の業務に関してなされたものと認めるのが相当であるから、被告人は行為者として刑事責任を負担するのは当然である」（東京高判昭二五・六・二八特九・一六）。

さきの判例【132】は事業を行うにつき認可を要する場合に認可がなくても業務と見ることができるとしているが、この見地からすると一般に業務執行行為の適法違法は業務の性質に影響を及ぼさないと解せられる。判例も刑法上の業務の意義につきしばしば免許の有無を問わないことを判示している

（例えば、無免許の自動車運転について大判大一三・三・三一刑集三・二五九、大判昭八・六・三新聞三五六七・一二、福岡高判昭二七・七・九高刑特報一九・一七八、無免許医業につき、福岡高判昭二五・一二・二一刑集三・四・六七二）。

次の大審院判決はこの点に関して同様な見地を述べている。事案は免許を受けた鉱業権者の従業員が免許の範囲外の鉱区を侵掘したものである。上告趣旨は鉱業権者でも鉱区外を一歩出ればもはや鉱業権者ではない、従って他人の鉱区の侵掘の如きは鉱業権者の資格に関係なく何人と雖も犯しうるものであるから、かかる行為を鉱業権者の業務又は業務に関するものというをえないとするものである。

【136】「鉱業権者カ鉱業法第百四条ニ依リ其代理人戸主家族同居人雇人其他ノ従業者カ為シタル同法違反ノ行為ニ付キ罪責ヲ負フハ該行為カ鉱業権者ノ当該業務ニ関スル場合ナラサルヘカラサルコトハ法文上疑ヲ容レスト雖モ苟モ其違犯行為ニシテ右業務ニ関シテ行ハレタル以上ハ業務ノ正当範囲ニ於テ行ハレタルコトヲ必要トセス又其違法行為ハ鉱業権者ニ対スル取締規定ニ関スル場合ナルト汎ク一般ニ対スル取締規定ニ関スル場合ナルトヲ区別スルコトナシ原判決ニ拠レハ被告ノ従業者タル川島清次郎ハ業務ニ従事中故意ニ被告ノ採掘許可ヲ得タル鉱区外ニ侵掘シテ鉱物ヲ採取シタリト云フニ在リテ右ハ被告ノ業務ニ関シテ従業者カ鉱業権ヲ有セス鉱物ヲ採掘スル行為ヲ為シタルモノニシテ鉱業法第九十四条違反ノ行為ニ外ナラサレハ被告ハ鉱業権者トシテ同法第百四条ニ依リ当然其罪責ヲ負ハサルヘカラス故ニ本論旨ニ於テ鉱業権ハ一定ノ鉱区ニ対シテ存スルモノニシテ許可ノ鉱区外ニ於テハ鉱業権存在セサルヲ以テ其従業者ノ鉱区外ニ於ケル違犯行為ハ業務ニ関シテ行ハレタルモノト謂フヲ得ス従テ鉱業権者ハ其責ヲ負フヘキニ非ス原判決ノ擬律ハ失当ナリト論争スルハ理由ナシ」（大判大二・三・一〇刑録一九・三一八）。

次の判決は酒精含有飲料の無免許製造も同飲料の販売を目的とする法人の営業の範囲内に属するとしている。

【137】「酒精含有飲料ノ販売業ヲ目的トスル法人ノ代表者カ政府ノ免許ヲ受クルコトナクシテ其ノ法人ノ業

務ニ関シ酒精含有飲料ヲ製造シタル行為ハ右販売業ニ関聯シ随テ該営業ノ範囲ニ属スルヲ以テ同法人ハ之カ処罰ヲ免レサル者ト解スルヲ相当トス若シ然ラストセハ叙上法人ノ代表者カ擅ニ酒精含有飲料ヲ製造シ其ノ法人ノ計算ニ於テ之ヲ販売シタル犯法行為ニ付法人ヲ処罰スルヲ得サルヘク法人処罰ニ関スル明治三十三年法律第五十二号ヲ設ケタル理由ニ反スルニ至ルヘケレハナリ」（大判昭五・六・二五評論一九諸法五七三）。

次の判決の事案は組合員の事業又は生活に必要な物資の供給を目的とする農業協同組合の購買主任が同組合が計量器販売の登録を受けていないのに、計量器販売業者と組合員たる農民との間の台秤売買の斡旋をなしたというものである。原審は組合の業務に関する行為として両罰規定を適用した。上告趣意は右行為は客観的に被告組合の業務に関するものといいえないとする。

【138】「上告趣意第一は事実誤認（原判決は挙示の登記簿謄本、被告人草間の供述調書その他の証拠によって、被告組合は組合員の事業又は生活に必要な物資の供給などを目的とするものであり、被告人草間は同組合の購買主任で同組合の業務に関し判示販売の仲立の事業を行つたものと認定している。この認定は首肯できる）を前提とする法令違反の主張に帰し、刑訴四〇五条の上告理由に当らない」（最判昭三四・九・一七刑集一三・一一・二九五一）。

ところが大審院判例の中にはこれらと反対の判例もある。次の判決は漁業協同組合長理事が揮発油購買券交付請求書に虚偽の記載をなした事案につき原審が組合長個人を処罰した外、組合自身をも有罪としたのを破棄したものである。

【139】「輸出入品等ニ関スル臨時措置ニ関スル法律第七条ニ所謂法人ノ代表者又ハ法人若クハ人ノ代理人使用人其ノ他ノ従業者カ其法人又ハ人ノ業務ニ関シ違反行為ヲ為シタリト為スニハ其ノ法人又ハ人カ自ラ当該業務ヲ為シ得ヘキ業務主体タル場合ニ限ルヘク該業務ヲ執行シ得サルニ於テハ之ニ関連スル行為ナルモノノ存在セサルコト固ヨリ当然ノ事理ニ属ス然ラハ本件ニ於テ判示漁業協同組合カ昭和十三年五月一日以降自ラ揮発油

等ノ購買販売等ノ業務ヲ為シ得サルニ至リタルコト前叙ノ如クナル以上ハ縦令同組合理事タル前示豊島小太郎等カ共謀ノ上組合員名義ノ揮発油購買券交付申請書ニ虚偽ノ記載ヲ為シ地方長官ニ提出シタリトスルモ是単ニ右小太郎等カ組合員等ノ便宜ヲ計ルカ為全然個人トシテ為シタル措置ニ外ナルサルモノト云フヘク固ヨリ同組合ノ業務ニ関スル行為ヲ敢テシタルモノトモ論断スルヲ得ス従テ同組合ハ豊島小太郎等ノ判示所為ニ付其刑責ニ任スヘキ理由ナシ」（大判昭一五・六・三〇新聞四五七六・一五）。

しかし、この判決は妥当でない。たとえ一定の期日以後適法に揮発油の売買ができなくなつたとしても事実上にこれを行うことは可能であり、そして業務であるか否かはこの事実面において決定すべきである。本件は法人又は人の業務に関するものと見てよいと思う（美濃部・経済刑法の基礎理論三六頁）。

二　業務に関する行為

業務に関する行為という場合、行為の主観的及び客観的の両面を考慮せねばならない。そこで、一方において行為が外形上業務に属するものと見られるか否か、及びその経済的結果の帰属の観点が問題にせられると共に他方において行為者が主観的に業務主の業務を遂行する為に行為したか否かが問題となる。

次の判決は銃砲火薬類取締法規における業務に関する行為の意義について判示している。事案は火薬類を使用する発電工事の使用人が毎日事業主より火薬類を交付されていたところ、使用の残品を生じた際賃金の減額を免れかつ後日同工事に使用する目的で自宅附近に貯蔵していたが、後にこれを工事に使用できなくなつたので、右火薬類を横領して売却したというのであり、原審はその刑責全部につき事業主を処罰したが、大審院は違法貯蔵の点は業務に関する反則行為であつて事業主が責任者であるが、横領売却の点に業務に関するものではなく雇人自身が責任を負うべきものとした。

【140】「被告カダイナマイト及雷管ノ残品ヲ貯蔵シタルハ一面ニ於テ賃金ノ減額ヲ免ルル為ナリト雖他面ニ於テ判示発電所工事下請負人宮本軍助ノ業務ニ属スル工事ニ使用スル為ナルカ故ニ其ノ従業者タル被告カ軍助ノ業務ニ関シ銃砲火薬類取締法施行規則違反ノ行為ヲ為シタルモノト認ムヘク従テ此ノ点ニ付テハ同取締法ノ規定ニ照シ軍助ヲ処罰スヘキモノニシテ被告ヲ処罰スヘキモノニ非サルカ故ニ原判決ハ此ノ部分ニ関シテ正当ニシテ此ノ点ニ関シ上告ハ理由ナキモノトス反之該物件売渡ノ点ニ付テ原判決ヲ通読スルニ被告カ不法領得ノ意思ヲ以テ該物件ヲ売却シタル事実ヲ認定セル趣旨ニ帰スルモノノ如ク果シテ然ラハ被告ノ行為ハ横領罪ヲ構成スルモノナル以テ被告ハ自ラ刑責ヲ負担スヘキ犯罪行為ヲ為セルモノニシテ此ノ行為ヲ以テ軍助ノ業務ニ関スルモノト為スヲ得サルカ故ニ此ノ行為ニ関シテハ銃砲火薬類取締法規違反ノ点ニ付テモ被告自ラ其ノ責ニ任スヘキモノニシテ其ノ刑責ヲ軍助ニ帰スヘキニ非ス然ルニ原審カ反対ノ見解ニ於テ判決ヲ為シタルハ不法ナリトス」(大判大一一・三・一刑集一・九二)。

同じく次の判決は転嫁罰規定の業務に関する行為の意義につき主観的及び客観的要素を必要としている。

【141】「原判決ヲ通読スルニ従業者タル大屋満及松本廉策ノ行為カ取引員タル被告人ノ為ニ為シタル意思ニ基キタルコト且又本件行為ハ同被告人ノ為ニ為サレタリト認メラルル事情存在セシコト判文上明ナルヲ以テ大屋満及松本廉策ノ為シタル行為ハ被告人ノ業務ニ関スルモノナルコト洵ニ明ナリ」(大判昭一三・四・一二刑集一七・三〇五)。

学説においても、牧野博士、美濃部博士等は主観的要件として業務主のためにする意思を必要としていられる(牧野・日本刑法上一〇二頁、美濃部・行政刑法概論四五、六頁)。

しかし、これには疑問がある。業務主は社会的な統一体を成す事業の全般に亘つて違反行為なからしめるよう注意監督する義務を負担しているが、その監督義務は従業者の客観的職務行為の全てに及ぶものと解さねばならない。従つて、違反が客観的に職務に関して行われる限り、業務主の監督義務違反が追求されて然るべきではないかと思う。業務主自身の義務違反を基本として考える限りこの種の主観的要素を必要としないと解すべきではなかろうか。

民法七一五条の「事業ノ執行ニ付キ」に関しても大審院は古くは主観的要素を必要としていたが、大正一五年一〇月一三日の連合部判決(民集五・七八五)以来これを必要とせず行為の外形により決することとしている。従つて、従業者の地位の濫用も私利をはかる背任行為も使用者責任を発生せしめるわけである(加藤・不法行為法一八〇頁以下参照)。この点を両罰規定の解釈上参考にすべきであろう。

客観的に行為が業務に関するか否かについて次のような判決がある。事案は乙会社の追徴関税につきこれを負担する内約のあつた甲会社の使用人Aが乙会社の代表者と共謀して関税を逋脱したものである。大審院は被告人Aは甲会社の利益を計る意図で行為したとしてもその関税負担はあくまで乙会社との内部的約定にすぎず外部的には納税義務を負担するに至らないからAの行為は客観的には甲会社の業務に関するものではないとして、甲会社につき無罪を言渡した。

【142】「被告会社ノ雇人タル林原弁三カ合同製壜株式会社ノ常務取締役小林茂吉及広川政太郎ト共謀ノ上原判示燃料砿油ノ残部ヲ悉ク使用済ナルカ如ク偽リテ主務官庁ニ報告シ以テ合同製壜株式会社カ輸入許可申請者トシテ右残油ニ付負担ス可キ関税ノ追徴ヲ免レシメムコトヲ企テ右茂吉ヲシテ合同製壜株式会社名義ニテ同会社カ右残油ヲ使用期間内ニ悉ク使用シ尽シタル旨ノ虚偽ノ燃料砿油受払明細書ヲ作成シ広島県御調郡三原町役場ニ提出シ広島県商工課ヲ経由シテ商工省ニ到達セシメ以テ前示追徴セラル可キ関税ノ逋脱ヲ遂ケタルコトハ

原判決カ証拠ニ依リ認定シタルトコロナリ然レハ右弁三ノ関税逋脱行為カ所論ノ如ク果シテ被告会社ノ業務ニ関セサルヤ否ヤヲ按スルニ明治三十三年法律第五十二号第一条ニ所謂法人ノ代表者又ハ其ノ雇人其ノ他ノ従業者ノ税法違犯ノ行為カ法人ノ業務ニ関スルカ為ニハ其ノ違犯行為カ法人ニ於テ其ノ業務上負担ス可キ性質ノ租税ニ関シ行ハレタルコトヲ要スルモノト解スヘク従テ法人ノ雇人カ租税ニ関スル法規ヲ犯シタル場合ニアリテモ其ノ租税ニシテ法人カ其ノ業務上負担ス可キ性質ノモノニ非サル限リ右法規ニ規定シタル罰則ヲ其ノ法人ニ適用スヘカラサルモノトス本件ニ於テ右林原弁三カ右小松茂吉及広川政太郎ト共謀ノ上逋脱ヲ遂ケタル判示追徴セラルヘカリシ関税カ本来合同製壜株式会社ニ於テ負担ス可キモノナリシコトハ原判決ノ確定スルトコロナリト雖被告会社カ右関税ノ追徴ニ関シ如何ナル関係ニアリシヤハ更ニ究明ス可キ事項ニ属ス原判決ハ右弁三茂吉及政太郎ノ三名ニ於テ数次会合折衝ヲ重ネタル結果残油ノ受渡ニ付キテハ之ヲ合同製壜株式会社ニ引渡サスシテ被告会社及広川久助商店ニ於テ各自其ノ手持部分ヲ引取リ処分スヘキコトニ約定シ残油ニ対スル関税ニ付キテハ一応ハ追徴金額ヲ大体三千五百円ト見積リ被告会社金三百円広川久助商店二千円合同製壜株式会社金一千二百円ノ割合ニテ分担スルコトニ約定成立シタルコトヲ確定シ其ノ後右弁三外二名カ前示ノ如ク共謀シテ追徴セラル可キ関税ノ逋脱ヲ遂ケタルハ右被告会社ノ追徴関税金額ノ負担部分ノ出捐ヲ免レシムルカ為ナリシトノ故ヲ以テ右林原弁三ノ関税逋脱行為カ被告会社ノ業務ニ関スル旨判示セルモ右三者間ノ関税追徴額ノ負担部分ノ協定ハ本来合同製壜株式会社ノ負担スヘキ追徴関税ヲ右三者ニ於テ従来ノ商取引ノ関係ニ基キ単ニ内部的ニ分担ス可キコトヲ約定シタルニ止リ右協定アレハトテ被告会社ニ於テハ右追徴関税ニ付外部的ニハ何等ノ納税義務ヲ負担スルニ至ラサルヲ以テ右負担部分の出捐ハ客観的ニハ何等被告会社ノ業務ニ関セサルモノト謂ハサルヘカラス以上ノ如クナルヲ以テ判示林原弁三カ合同製壜株式会社ノ常務取締役小松茂吉外一名ト共謀シテ関税ノ逋脱ヲ遂ケタル行為ハ単ニ合同製壜株式会社ノ業務ニ関スルニ止リ仮令右弁三ニ於テ被告会社ノ利益ヲ計ル意図ノ下ニ行ハレタリトスルモ之ヲ以テ被告会社ノ業務ニ関スルモノト為スヘキニ非ス故ニ原判決カ林原弁三ノ判示行為ニ付キ事実行為者トシテ同人ニ罪責アリト為スハ格別明治三十三年法律第五十二号第一条ヲ適

用シ関税法第七十五条ヲ被告会社ニ問擬シタルハ不法ニシテ論旨孰レモ理由アリ原判決ハ破毀ヲ免レス而シテ原判示被告会社ニ対シテハ他ニ之ヲ処罰ス可キ法令ノ規定存セサルヲ以テ本件ハ罪トナラサルモノトシテ無罪ノ言渡ヲ為ス可ク仍テ他ノ上告論旨ニ対スル判断ヲ省略シ刑事訴訟法第四百四十七条第四百四十八条第四百五十五条前段第三百六十二条ニ則リ主文ノ如ク判決ス」（大判昭一一・七・二五 刑集一五・一〇八四）。

しかし、本件の場合甲会社の関税分担は法律上の関税負担ではないとしても有効な内約であり、これを履行することは会社の業務である。従つて、これと不可分の関係にある乙会社の関税を逋脱せしめて分担を免れる行為は客観的にも甲会社の業務に関すると見てよいのではないかと思う（美濃部・前掲四七頁は其の目的の帰属する所一に甲会社にありとして業務に関する行為と認めている）。

業務に関する行為が外形的に見て業務に属するもので足りるか否かにつき高裁の次のような判例がある。これは「法人の従業員の違反行為が当該法人の業務に関するとは該行為が法人の業務に関連して具体的に行われ、その経済上の影響が当然法人に及ぶことを内容とするもの」とし、本件は行為が「一般的又は外形上当該法人の業務に属するもの」と見られるにすぎないものではないとする。本件事案は株式会社K百貨店の商事部主任が超過価格販売をしたというものである。上告趣意は、業務に関しとは一般的又は外形上の見地では足らず行為の経済的責任が法人に帰する場合でなければならない、会社の従業員が専ら個人の利益のために取引するときは、たとえ、一般的又は外形上会社の取引と見られる場合にも業務に関するものではない、行為による損益が会社に帰属することが認定される場合でなければならないとして、原審が単に抽象的に業務に関しとしたのを違法とする。

【143】「原判決挙示の証拠内容は論旨第一点に対する説明において述べたようなものであつて、更に詳細に

その内容を検討綜合すると被告人増井は判示取引を判示会社の商事部の主任として同会社のために行い、自己個人の利益の為に行つたのではないことが確認せられる。果して然らば被告人増井の判示違反行為の経済的責任は当然被告人会社に帰することとなるから其の事実が特に判文に明示せられていなくても原審の認めた本件事実内容には何等の消長を来さないのである。物価統制令第四十条に所謂法人の従業員の違反行為が当該法人の業務に関するとは該行為が法人の業務に関連して具体的に行なわれ、その経済上の影響が当然法人に及ぶことを内容とするものと解するを相当とする。原審が証拠によつて認定したところは之と同様の内容を有するのであり、所論の様に当該違反行為が一般的又は外形上当該法人の業務に属するものと見られるだけの内容を有するにすぎないものではない。即ち当該違反行為の経済的責任が法人に帰するとの所論事実は既に所謂業務に関するとの事実中に包含せられているから、判決においては単に右違反行為が法人の業務に関する旨を明示すれば足り右所論事実は之を説示するを要しない。従つて原判決は本件における罪となるべき事実を説示するにおいて何等欠くるところがないばかりでなくその事実を証明するに十分な証拠を挙示している。即ち原判決の理由は事実並に証拠の両方面において備わつており、所論違法は一も原判決に存しない。論旨は理由がない」（東京高判昭二五・四・二一刑集三・一・一〇七）。

この判決は経済上の影響を重視しそのために主観的要件を必要としている。しかし、民事判例は主観的要件を必要としていないから主観的要件がなくとも経済上の影響は法人に及ぶのである。この意味では判決の内容に矛盾がある。そして「利益の為め」を客観的外部的に法人の利益のための行為と解するなら結局客観的外形的見地に帰著することとなる。

業務に関する行為たるためには行為が従業者自身の分担範囲内にあることは必要でない。次の判決は漁業者たる被告人の使用人で船長をしている者が被告人の業務に関し、しかし、船長としての職務を超えて鰊五百数十貫を超過価格で販売したという事案につき、このことを判示している。

【144】「法人若は人の代理人が其の代理権限を超えて物価統制令違反となる契約を為した場合は別論とし又法人若は人の使用人其の他の従業者が法人若は人の業務に属せざる物価統制令違反の所為を為した場合には本条の適用がないことは当然であるが其の為した所為が雇主たる法人又は人の業務に関し為されたものであるかぎり仮令其の所為が使用人其の他の従業者の分担する職務の範囲を逸脱したとしても雇主たる法人又は人は本条の適用を免れないものと解すべきである。（中略）論旨は物価統制令四十条の「法人又は人の業務に関し」とあるを曲解し「行為者の業務に関し」の意味であると主張するものであつて理由がない」（札幌高判昭二六・一〇・二刑集四・一一・一三六一）。

業務に関する行為とされた事例をあげておこう。

まず、旧自動車取締令の転嫁罰規定に関し自動車会社の雇人たる運転手の犯則行為が業務に関するか否かにつき次のような判決がある。なお、同令違反の同種事例につき法人の刑事責任の章で掲げた判例【25】参照。

【145】「自動車運転手ノ免許ヲ受ケサル者カ擅ニ自動車ヲ運転スルコトハ自動車取締令第十五条第二十八条ノ堅ク禁スル所ナルノミナラス法人ノ代表者其ノ他ノ従業者法人ノ業務ニ関シ同令又ハ同令ニ基キテ発スル命令ニ違反シタルトキ其ノ罰則ヲ法人ニ適用スルコトハ同令第三十二条ノ明定スル所ナリトス然ラハ本件ニ於テ被告会社ハ自動車ニ依ル乗客荷物ノ運搬ヲ業トスル者又小関俊美ハ同会社ノ従業者ニシテ運転手ノ免許ナキニ拘ラス運転手抜井忠男ト同乗中同人ニ代リ判示ノ日時判示ノ如ク自動車ヲ運転シタル以上縦シ運転手ノ助手本然ノ業務カ所論ノ如ク運転台ヨリ降車シテエンヂン点火作用ヲ起サシムルコト等ニ在リトスルモ判示運転行為タルヤ判示会社ノ業務ニ関スルモノニシテ而モ其ノ従業者ノ犯則行為タルコトハ一点ノ疑ヲ容ルルノ余地ナキ所ナレハ被告会社カ其ノ従業者タル小関俊美ノ判示行為ニ付其ノ責任ヲ負フヤ当然ニシテ之ヲ其ノ従業者ノ業務ノ従業中路傍ニ放尿スルカ如キト同一視スルハ全ク謂ハレナキモノト言ハサルヘカラス論者ハ理由ナシ」

(大判昭四・一二・二四刑集八・六七八)。

次の判決は物価統制法一三条の「業務上」の意義につき判示している。

【146】「案ずるに原判決は、農業を営む被告人が昭和二十二年二月頃渡辺キミに対し、その生産にかかる粳玄米四斗八一俵を販売するに際し、その対価として同人より国防色乗馬ズボン一着、古線一貫匁及び白絹二反を受領するとともにその対価の不足額として現金四百五十円支払つたという公訴事実を認めながら、右の行為は被告人の業務に関するものと認むべき証明が十分でないとして無罪の言渡をしたことは所論の通りである。およそ物価統制令第十三条にいわゆる「業務上」とは契約又は受領行為自体を業務とするものでなくとも、それが業務に関するものであれば足りると解すべきところ、本件につきこれを見るに、原審で取調べた証拠によれば、農業を経営する被告人が正当の事由がないのに、その生産にかかる玄米を乗馬ズボンその他の物と交換したということが窺知し得られるのであつて、かかる行為は農業という業務に関する行為に該当するものといわなければならない。しからば右は正に同令第十三条違反の行為と認めざるを得ないのに原審はこの点に関する解釈を誤り、正当の事由の有無につき審究することなく輙く無罪の言渡をしたのは違法であると断ぜざるを得ないから論旨は理由がある」(仙台高判昭二五・二・二七特一三・一八一頁)。

次の判例は、株式会社の発起人等が会社の目的たる業務の資材として指定生産資材を県から払下を受け又は現物出資として給付をうけ所有保管している場合は右発起人は「業務に関して」「指定生産資材を所有する者」に当るとする。

【147】「原判決が、判示第一事実において判示報告義務の対象とした物件は、被告人会社が、その設立準備中に、同会社の目的事業たる水産業務に必要なる資材として、広島県から正規の手続を経て払下を受けたもの、又は同会社に対する現物出資として広島県から正規の手続により給付を受けたものであること、しかして、被告人鈴川貫一、同石橋豊徳は同会社の発起人として同会社の設立に関与し昭和二二年一月二五日商工農林省令

第二号指定生産資材在庫調整規則が公布された当時右会社の発起人として右各物件を所有保管していたことは、原判決の確定するところであり、原判決挙示の証拠によれば、右の各事実を認めることができる。

しからば被告人等は同規則第三条にいわゆる「業務に関して」同規則所定の「指定生産資材を所有する者(以下事業者という)」に該当するものといわなければならない。これと同旨の判断を示した原判決は正当である。(中略)原判示第二の(六)において、原判決の確定したところは、被告人村上忠彦、同石橋豊徳は、共謀の上、被告人西日水会社のために、その業務に関し、同会社所有にかかる泥油十万立を、赤瀬兼雄に交付し、その対価として、同人から軽油三万三千四百立の交付を受ける契約をし(その交換の比率を泥油三本と軽油一本の割合と定め)かつ右泥油の交付を了したというのであつて、右の事実特に右交換が会社の業務上為されたものであることは、原判決挙示の証拠上認められるところであり、一般消費者同志が、業務に関係なく、その必需品を個々に交換するがごとき場合とは、全然その趣きを異にするのであつて、他に右交換に関し物価統制令一三条所定の「正当の事由」のあることは、原判決の認めないところであるから、原判決が右事実に対し同令一三条の規定を適用したのは正当であつて、論旨は理由がない」(最判昭二五・一〇・六刑集四・一〇・一九〇五)。

一一　共同事業者の処罰

共同事業者については従業者の違反行為につき各自に罰金刑を科すべしとするのが判例である。

次の判決の事案は甲、乙両名は共同して牛乳搾取販売業を営むものなるところその雇人が法定の比重を有しない牛乳約五升を配布して販売したというもので、原審は右両名を牛乳営業取締規則二〇条の転嫁罰規定により各別に罰金に処した。上告趣意は甲は共同営業者でなく単なる名義人に止ること、規則二〇条は事実上の営業者一人のみを罰する精神と解すべきことを主張した。

【148】「而シテ既ニ原審ノ如ク被告カ右竹次郎ト共同シテ本案ノ違法行為ニ及ヒタル事ヲ認メタル以上各自ニ共刑ヲ科スヘキハ当然ナルヲ以テ本論旨ハ理由ナシ」（大判大二・一一・六刑録一九・一一三七）。

同じく、組合の犯罪能力を否定した前出判例【22】も共同事業者たる組合員全員にそれぞれ罰金刑を科した原審を支持している。その上告趣意は民法上の組合の事業の主体は組合そのもので組合員ではない、法人に対しては一個の刑罰を科しながらこれと全く実体を同じくする組合につき組合員全員を各自処罰するは刑罰の権衡を失する、他方組合は法人でないので、結局両罰規定の適用なき処分と主張する。判決は、「故意過失ノ有無ヲ問フコトナク其ノ処罰ヲ事業主ニ迄及ホシ而モ之ヲ単ナル一個人ノ場合ニ限定セサルカ故ナリ若シ夫レ所論ノ如ク同条所定ノ事業主タル人ヲ単ナル一個人ニ局限シ団体ヲ組織セル多数人ナル場合其ノ各構成員個人ニ及ハサルモノナリトセハ各個人ハ翕然トシテ茲ニ集合体タル団体ヲ形成シ同条ノ適用外ニ樹チテ幾多ノ集積的財力ヲ利用シ公然巨額ノ価格違反取引ヲ敢行シ以テ膨大ナル物資ヲ動員集中スルニ至ルヘキハ甚タ炳焉タルニ過キ而モ其ノ刑事上ノ責任ハ挙ケテ之ヲ一使用人若ハ従業者ニ帰セシムルノ外ナキ結果トナリ」としている。

この判決は業務主処罰の必要性と共同事業者の処罰方法の問題を混同しているようである。

美濃部博士は判例を不当とし、共同事業者の全員に対し又はその代表者に対し単一の罰金刑を科し、その全員に連帯責任を負わすべきであるとし、その理由として事業主の処罰が監督義務の違反に基づくものであり、監督義務は多数人の共同経営においても単一の義務であるからとする（美濃部・経済刑法の基礎理論四〇頁以下）。これに対して牧野博士はその各自に対して言渡さるべき罰金額の総額は、その社団が法人である場合にその法人に対して言渡さるべきものと同額でなければならないし、又はそれを超えることが許されないものとせねばならぬと同時に、右の範囲内において、共同事業者の各自に対しては、刑は、刑の個別主義によつて裁量せられねばならぬとされる（牧野・刑法総論上巻全訂版二八二頁以下）。小野博士は組合も「法人又は人」に含め、組合自体に対して刑を科すべきであるとしている（刑評六巻二五頁以下）。

刑事責任は個別的責任であるから、美濃部説の如き連帯責任の観念を容れる余地はないと思うが、刑罰の権衡という見地からすると法人又は一人の事業主の場合に比して権衡を失するようにも思われる。しかしこれは事業をそれ自体一個独立のものとし、その事業自体の責任を考えることから生ずるのではあるまいか。つまり同じ一つの事業体でありながら事業主の数により刑罰が異なるのは権衡を失すると考えるわけである。ところが、事業主責任は事業それ自体の責任ではなく、事業主たる人の監督義務違反の責任であるから、この義務に違反して事業主はそれが複数であつても刑責の本質に従つて各自独立に責任を負うべきであろう。刑罰の権衡は個別責任の原則からいえばこれによつてむしろ全うされることとなる。

法人の業務に関する違反行為については法人の代表者等の役員を処罰すべきものとするものがある（これらの代表者処罰の形式については、八木・前掲三六、七頁参照）。これらの規定において代表者が二人以上存在する場合は、そのそれぞれの代表者に罰則を適用するのが判例の立場である。

次の判例の事案は山口県の某株式会社の業務に関し、同県令魚市場規則に違反する行為があつたが、同規則には「法人ヲ処罰スヘキ場合ニ於テハ法人ノ代表者ヲ処罰ス」とあり、同会社の取締役は三人でその中の一人が専務取締役であつたのに対し、原審は取締役三人を各々罰金五十円に処した。これに対し、上告趣意は会社の内規により専務取締役が専ら会社を代表して行動しているから、専務取締役のみが責任を負うべきものであるとする。

【149】「大正十四年山口県令第五十四号魚市場規則第二十六条ハ所論ノ如ク法人ノ代表者カ法人ヲ代表シテ反則行為ヲ為シタルニ因リテ之ヲ処罰スルモノニ非ス苟モ同令ニ依リ法人ヲ処罰スヘキ場合ニ於テハ其ノ代表者カ法人ヲ代表シテ当該反則行為ヲ為シタルト否トヲ問ハス常ニ代表者ヲ処罰スルノ法意ニシテ即チ同条ニ所謂法人ノ代表者トハ法人ヲ代表スヘキ権限ヲ有スル者ヲ指称シ所論ノ如ク事実上法人ヲ代表シテ行動シタル者ヲ謂フニ非サルコト明カニシテ又法人代表者ニ於テ其ノ代表権ニ付内部的ニ制限ヲ受ケ居レリトスルモ之カ為ニ右規則第二十六条ニ依ル刑責ニ対シ何等ノ影響ヲモ及ホスヘキモノニ非サルコトハ言ヲ俟タサルトコロナリ」（大判昭二・五・一一刑集六・一八二）。

大審院民事部の判例が、法人の代表者に過料を科すべき場合について同様な見解を示している。事案は、工業組合法に登記を怠つたときは工業組合の理事を十円以上五百円以下の過料に処すとある規定の適用に関する抗告事件である。大審院は原審が理事数人に対し各々過料に処したのを正当とした。

【150】「工業組合法第三十五条本文ハ同条所定ノ変更登記ハ理事ノ全員ヨリ之ヲ申請スルコトヲ要セス理事数人アル場合ニ於テハ其ノ中一人ヨリ之ヲ為スコトヲ得ル趣旨ナリト解スヘク従テ理事中ノ何人カ一人カ登記義務ヲ履行スルニ於テハ他ノ理事ハ其ノ責任ヲ免ルルニ過キスシテ之カ為各理事ノ登記義務竝ニ之カ懈怠ノ場合ノ制裁ヲ理事中ノ一人ニ制限シ得ヘキ法意ノ看ルヘキモノナシ故ニ抗告人等ノ理事タル日本衡器工業組合カ定款ノ規定ヲ以テ理事ノ互選ヲ以テ理事長ヲ定メ理事長ハ組合ヲ代表シ組合ノ事務ヲ総理スルコトヲ定ムルモ右定款ノ規定ハ同組合ノ私法上ノ行為ニ関スル範囲ニ於テ有効ナリト認メ得ヘキニ過キスシテ登記ノ如キ公法

上ノ義務ニ関スル行為ニ付テハ右定款ノ規定ヲ以テ法律カ定メタル各理事ノ義務ヲ左右シ得ルモノニアラス」（大判昭一〇・七・一二民集一四・一三七九）。

美濃部博士はさきと同様にこれらの判決に反対して、たとえ法人の代表者が数人あろうとも、各自別々に処罰すべきではないとし、「其の中の一人である専務取締役・理事長・専務理事を被告人として、これを処罰すれば、それに依り他の代表者は凡て其の責任を免るるものでなければならぬ。若し又代表者数人を共同被告人たらしめたとしても、其の全員を恰も一人の如くに看做し、全員に対して単個の処罰を科し、其の数人をして連帯して其の責に任ぜしむべきものでなければならぬ」とされている（美濃部・行政刑法概論七五頁）。しかし、これについても共同事業者と同様に個別的責任と考えるのが妥当であると思う。なお、福田教授は、注意義務違反の有無は各代表者につき決定すべきであるという見地から、「かりに代表者の一人が注意義務を完全に履行したが遂に従業者の違反行為があり、そのばあい他の代表者は注意義務を履行しておらず従業者の違反行為の発生がその者にとつて不可抗力でないばあいには、注意義務を履行した代表者は監督注意義務の責任を免れると解すべきであろう。すなわち、代表者が数人あるばあい、過失によつて従業者の違反行為が発生したとき、それぞれその責任を負担し、刑罰はそれぞれの責任に応じて量刑されるものと解すべきである」とされている（福田・行政刑法八三頁）。妥当な見解であると思う。

最高裁は両罰規定による業務主責任は事業主として従業者の選任、監督その他違反行為を防止するために必要な注意を尽さなかつた過失責任であるとし、かつ、その過失は法律上推定されているものとしている。この見地からすれば、両罰規定については事業主は無過失を立証して責任を免れることができるわけである。規定によつては「但し、法人又は人の代理人、使用人その他の従業者の当該違反行為を防止するため当該業務に対して相当の注意及び監督が尽されたことの証明があつたときは、その法人又は人については、この限りでない」として免責事由を明示しているが、かような但書を有しない両罰規定においても同様に解釈すべきである。

相当の注意及び監督をなしたか否かの挙証責任は業務主にあるが、これが立証されたとして業務主の免責を認めた判例は存在しないようである。これは判例が最近まで業務主責任を無過失責任と解していたため無過失の立証は最初から問題とされなかつたからでもある。

次の判例は蚕糸業法四四条の転嫁罰規定の但書「但シ相当ノ注意ヲ為シタルトキハ此ノ限リニ在ラス」に関するものである。上告趣意は「被告会社カ其営業ニ従事スヘキ雇人ヲ雇入ルルニ当リテハ特ニ其人物経歴ヲ審査シ採否ヲ決定シ且其従業者ニ対シテハ絶ヘス蚕糸業法並ニ工場法等ニ違反ノ事実ナカラシメン為従業者ノ閲覧ニ便ナル場所ニ掲示ヲ為シ又更ニ講習会ヲ開催シ更ニ必要ニ応シテ戒告ヲ為シテ被告会社ニ於テハ其ノ及フ限リノ注意ヲ以テ其営業ニ従事シタルモノ」であるから但書にいわゆる相当の注意をなしたものであるとする。判決はこれを斥けて次のように述べている。

【151】「所論被告会社カ判示雇人ノ作業ニ付相当ノ注意ヲ為シタリトシテ論旨ニ掲クルトコロハ何レモ営業上当然ノ事ニ属シ其ノ従業者ノ人選ヲ厳ニシ又従業者ニ対シ法令ニ違反スルコトナカラシメンカ為遵守スヘキ事項ヲ掲示シ或ハ講習会ヲ開催シ或ハ戒告ヲ為スカ如キハ適当ナル従業者ヲ得ルト共ニ其ノ作業上ノ過誤ヲ戒ムル所以ナリト雖此ノ如キ抽象的注意ヲ為シタレハトテ作業ノ実際ニ就キ之ヲ監督スルニ非サレハ遺漏ナキヲ期スル能ハサルコト勿論ナルヲ以テ仮令被告会社カ所論措置ヲ執リタルトスルモ之ヲ以テ直チニ蚕糸業法第四十四条但書ニ所謂相当ノ注意ヲ為シタルモノト為スヲ得ス」（大判昭三・三・二〇刑集七・一八六）。

かように一般的な注意監督では足りないとすれば、大企業においては事実上免責は認められないことになるであろう。これは民法七一五条の免責各項の運用に見られるように実際的には無過失責任に近くなるわけである。

同様に、昭和一三年四月一二日の前出判例【50】は上告趣意の「違反行為ノ発生ヲ防止スヘク数回戒告ヲ与ヘタ」との主張につき、「被告人ニ付不可抗力ニ依リ発生シタルモノト認ムヘキ事跡ナキヲ以テ」としてこれを排斥している。

相当の注意をなしたか否かを何人について決定すべきかという問題がある。両罰規定の（三）型は法人の役員（理事、取締役その他これに準ずべき者をいう）又は人（人が無能力であるときは、その法定代理人とする）と規定しており、（四）型は法人については代表者のみを掲げている。

思うに、対外的には代表者が法人に代って監督義務を果す者と考えるべきであろう。しかし、代表者が常にすべての従業員の行為を監督することは大企業では不可能であるから、多くの場合監督責任者を内部的に決定することとなるであろう。かような内部的監督責任者において相当の注意をなした場合に直ちに代表者のそれと同視して法人の免責を認めるべきか問題である。恐らくこれを認めるべきではあるまい。又、代表者においてそれらの監督責任者を監督する上において相当の注意をなしたことだけでは免責に十分といいえないであろう。監督義務違反は法人従つてその代表者と違反行為との具体的な関係において考えられるものであるから、具体的な違反行為を防止するために代表者の行為が相当なものたることを必要とするからである（八木・前掲一八八頁以下参照）。

なお、火薬類取締法の法定責任者たる火薬類取扱責任者についてその監督義務の内容につき判示したものがある。業務主の監督義務の内容と関連するものとして掲げておこう。

【152】「火薬類取締法が定める火薬類取扱主任者の職務内容についての直接規定は同法第三十条第二項、第三十二条だけであることは所論のとおりである。

而して同法第三十条第二項によると「火薬類の所有者若しくは占有者（中略）は火薬類取締主任者を選任し、火薬類の貯蔵又は消費に係る保安について監督を行わせなければならない」と規定しており、右に所謂「貯蔵又は消費」とは火薬類の運搬とは全然別個の行為のように解されること同法第一条が「運搬」を「貯蔵」「消費」とは一応別個の行為概念として取扱つている規定の体裁上肯定されないわけではない。しかし火薬の運搬という行為は必ずしも常に貯蔵や消費と全く別個に独立したものとして行われるものではなく、場合によつては貯蔵、消費の行為の実現過程の中に於て之等の内容に包含されるか尠くとも密接な関係にある場合がすくなくないのであつて当該「運搬」が「貯蔵」「消費」に関係あるかどうかは結局は具体的事情について判断しなければならないこととなるのである。

本件においては、原判決判示の火薬は、北見石灰工業株式会社において終戦後北海道庁から払下げを受けて使用していたものであるが、同社所有の火薬庫が不備であつたので北見市所在吉野火薬店に依頼して前記火薬を同店火薬庫に貯蔵保管していたものを、昭和二十七年七月頃同社火薬庫が新設完成したので同年十一月下旬吉野方から取戻す為同店から前記会社火薬庫迄運搬したものであることが原判決挙示の証拠によつて認められるのである。

であるから右の運搬は判示会社が自己の火薬の消費貯蔵の為の一過程としてなしたものであり、結局本件火薬の運搬は判示会社の火薬の消費乃至貯蔵の行為と密接不可分の関係にあるといわなければならない。

斯く解すると、右火薬の運搬につき現実の運搬者が火薬類取締法第十九条所定の運搬の制限に忠実に従うよう万全の措置を採ることが取りも直さず取扱主任者に科せられる同条所定の火薬類の貯蔵又は消費に係る保安についての監督に関する職務であり、取扱主任者は同法第三十二条に従つて誠実にその職務を遂行しなければならない責任を負うこととなるのである、而して、若し右職務の遂行に欠くるところがあり、その結果現実の運搬従事者に前記制限の規定に違反する行為があつた場合には、取扱主任者として固有の責任として同条違反の処罰規定が適用されることは事明の理である。

これを本件についてみるのに、原判決引用の証拠によれば被告人は佐々木繁三郎をして馬車で本件火薬を運搬させるにあたつて火薬運搬についての一定基準があることを知りながらそのとおりにしなくても大したことはないと考え、同人に見張をつけることを忘れ又所定の標識をも渡してなかつたという事実が明らかに認められるのであるから原判決が被告人の行為が直ちに火薬類取締法第十九条第二項同法施行令第五条第一号第二号に違反するものとして同法第六十条第一号を適用処断したことは右法令の解釈適用を誤つたものではない」

（札幌高判昭二八・一二・二四刑集六・一二・一八〇五）。

一三　両罰規定と没収

両罰規定は事業主たる法人又は人に対し「各本条の罰金刑」を科することとしているが、没収も科しうるかについて最高裁は肯定の判決を下している。本件原審は被告会社の使用人のたばこ専売法違反につき会社に両罰規定を適用して罰金を科すると共に没収及び追徴を言渡した。上告趣旨は、「被告会社に関する限りに於ては右罰条の内たばこ専売法第七十七条のみが該当するものであつて同条には単に「行為者を罰するの外法人又は人に対し各本条の罰金刑を科する」と規定し没収又は価額追徴の規定はなく没収又は価額追徴を規定したる同法第七十五条第一、二項の規定は違反者本人に対して適用するべきは格別之を使用者に適用せられるべき規定ではない」とし、又、刑法一九条。一九条ノ二の適用については、「たばこ専売法は同法第七十五条第一、二項に於て違反行為者に対して没収並追徴を科する旨を規定しあつて使用者に対して適用せらるる同法第七十七条には没収並追徴の規定がないのであるからたばこ専売法の没収並追徴に関する罰則は特別規定であつて刑法第十九条並第十九条ノ二は一般規定であるから特別規定を以て一般規定の適用を排除しているものと云はねばならない」とし、原判決は憲法三一条に違反すると主張する。判決はこれを斥けているが、判決の見地が妥当であろう。

【153】「上告趣意第一点は、憲法三一条違反をいうけれども、その実質は、単なる法令違反の主張に帰し、刑訴四〇五条の上告理由に当らない。そして、本件のような場合には、被告会社に対し、たばこ専売法七七条、七一条の罰金のほかに、没収、追徴をも言い渡し得るものであることは、同法七五条、刑法八条、九条、二〇

条の各規定の趣旨に徴し疑いのないところであるから、所論は採用できない」（最判昭三三・五・二四刑集一二・八・一六一一）。

関税法の没収について起訴されない会社の所有物は犯人以外の所有に係る場合に当らないとする高裁判例がある。本件は冷房機等の輸入業務を営む会社の専務取締役及び取締役営業部長の両名が共謀の上会社のために米国から横浜港に到着した外国製冷房機を一般商業用として転売する意図を秘し、軍納品として輸入するものの如く偽装して関税及び物品税を逋脱したという事案につき、右両名のみが起訴せられ、有罪とせられ、右冷房機につき没収又は追徴の言渡を受けたものである。控訴趣意は本件は会社の業務に関し行われたものであるから、被告人個人より右冷房機の追徴を行うのは妥当でないこと、会社は関税及物品税を納付していること、及び本件において没収せられた冷房機四台は取引主体である会社の所有に属しているものであるから、会社が被告人として起訴されているならば会社から之を没収すべき筋合であり、会社の職務執行者たる被告人両名に之を命じたのは違法であることを主張する。

【154】「原判決の判示によれば、被告人等に対する追徴は関税法第一一〇条の不正の行為により関税を免れた罪の犯罪貨物であつて、没収することのできない冷房機一二台分につき、同法第一一八条第一項本文、第二項に則り、その犯罪が行われたときの価格に相当する金額として原判示金額が科せられたものであり、又没収は領置にかかる前同様の犯罪貨物たる冷房機四台を同法第一一八条第一項本文によつて没収したものであることは明白であるところ、原判決は被告人等の本件行為を所論の如く被告人等が勤務するアメリカ冷房株式会社の業務として為したものと認めているのであつて本件冷房機が同会社の所有に属することも原判決に徴して明白である。

ところで法人の代表者、代理人或は使用人等がその法人の業務に関し、詐偽をその他の不正の行為によって関税を免れたときは、関税法第一一七条によって、その行為者のみならず、その法人に対しても該当法条（本件においては関税法第一一〇条）の罰金刑を科しうるものであり関税法第一一八条によれば犯罪に係る貨物のすべてを没収の対象とし、ただ貨物が犯人以外の善意者の所有に係る場合及び善意の第三者が巳に転得したものは、同法第一一八条第一項第一号、第二号により没収の対象から除かれるにすぎないのである。そして同条に犯人とは行為者のみならず、いわゆる両罰規定により処罰される法人をも包含するものと解するを相当とする。従って原判決が被告人の所有に属していなくても、被告人等の不正行為によって免税輸入され犯人たるアメリカ冷房株式会社の所有に属した犯罪貨物たる本件冷房機四台を没収し、没収することのできなかった同じく犯罪貨物たる冷房機一二台分の価格に相当する金額の追徴を科したのは正当であり、原判決には所論の如き法令の適用を誤った違法の存するものとは認められない。

次に本件冷房機の輸入の主体及び納税義務者は右会社であり、右会社が起訴されていないことは所論のとおりである。そして所論は右会社は本件摘発後冷房機一六台分の関税及び物品税を納付した旨主張するけれども原審証人唯野武夫の供述によれば右会社は罰金に相当する金額を税関に納付すべき旨の通告をうけて、これを納付したものであって、この履行によって、起訴されなかったにすぎず、所論の如く冷房機一六台分の関税及び物品税を納付したものとは到底認め難いのであって、このことは当審において証拠として取り調べた右会社に対する通告処分に徴しても明白である。従って、右関税を納付したから、被告人等に追徴を科することは二重に徴税するのと同じ結果となり不当であるとの所論は、その前提を欠き失当たるを免れない。論旨は何れも理由がない」（東京高判昭三三・八・一刑集一一・八・四六九）。

判決は「（関税法一一八）条の犯人とは行為者のみならず、いわゆる両罰規定により処罰される法人をも包含するものと解するを相当とする」として、会社よりの没収、追徴を正当とした。会社を

「犯人」と解することは妥当であろう。ただ、会社自体が起訴されていないので、いわゆる第三者没収の問題と同様に手続面において憲法三一条違反の疑いが生じうる点を注意せねばならない。

一四　業務主処罰の明文なき場合

両罰規定又は転嫁規定を有する行政取締法規と同性質の取締法規において業務主処罰の明文を欠く場合については、判例は常に事実行為者のみを処罰すべきものとしている。

次の判決の事案は、被告人は自宅において舅某の名義をもつて雑貨商の営業に従事中大正一二年九月一日の大震災に際し暴利を得る目的をもつて右店舗において石油四八罐を不当価格で販売したというのである。原審はこれに対し大正一二年勅令四〇五号「震災ニ際シ暴利ヲ得ルノ目的ヲ以テ生活必需品ノ買占若ハ売惜ヲ為シ又ハ不当ノ価格ニテ其ノ販売ヲ為シタル者ハ三年以下ノ懲役又ハ三千円以下ノ罰金ニ処ス」を適用した。上告理由は被告人は営業名義人でないから営業者の為にする取引につき不当価格販売をなしても犯罪の主体となりえないとする。

【155】「前示勅令ハ同勅令ニ依リ処罰スヘキ違反行為者カ営業名義人タルコトヲ必要トセス苟モ震災ニ際シ暴利ヲ収得スル目的ヲ以テ生活必需品ニ付買占若ハ売惜ヲ為シ又ハ不当ノ価格ニテ其ノ販売ヲ為シタル者ハ営業ナルト否ト又営業者ノ家族若ハ使用人ナルトヲ問フコトナシ然ラハ被告人カ営業名義人ニ非サルモ其ノ家族トシテ且事実上ノ営業者トシテ前段判示ノ如ク暴利ヲ得ル目的ヲ以テ判示勅令違反ノ行為ヲ為スニ於テハ当然犯罪ノ主体トシテ処罰ヲ免レサルヤ毫モ疑ヲ容レス」（大判大一三・八・五刑集三・六一一）。

美濃部博士は「仮令法令に明示的規定は無いにしても、それは立案者の粗漏に基づくもので、法令の趣意とする所は、他の取締法令に於けると同じく、事業主をして其の責任を負はしむるに在ると解すべき理由ある場合であれば、書き方の不備は解釈に依つてこれを補ひ、此の場合にも等しく事業主が其の責任者であると解せねばならぬであらう」とされ、本件については、「暴利を得る目的を以つてすることが必要であり、而して暴利を得ると言へば、其の利益が自分に帰属する場合でなければならぬ。営業者の家族や雇人が、営業者の為めに買占売惜を為し又は不当の価格を以つて販売したとしても、それは自分に暴利を得る為めにしたのではなく、暴利を得る目的の帰属する主体は営業者である。随つて家族や雇人には犯罪の構成要件としての目的の要素が欠けて居り、自分に横領する目的を以つてした場合（此の場合は横領罪が成立する）を除くの外は、此の犯罪の主体たる能力を有しないものと解せねばならぬ。暴利取締令自身には明示的の規定はないにしても、尚ほ其の取締令が暴利を得る目的を以つてする行為を禁止する趣意であることから観て、一般の営業取締法規に於けると同じく、其の命令に遵由することは営業者に課せられた義務であり、仮令家族や雇人が犯則行為を為した場合であつても、尚ほ営業者が専ら其の責任を負担することが、同令の当然の趣旨であると解すべく、判決が此の点を考慮せず、直ちに刑法総則を適用して家族自身を処罰すべきものとして居るのは、違法であると信ずる」と述べていられる（美濃部・行政刑法概論五八頁以下）。

しかし、業務主責任は業務主の注意監督義務違反という特殊の犯罪行為に基づく責任と解されるから、かように特殊な構成要件は常に明文をもつて規定されるべきであつて、明文がないのにこの種の犯罪を認めることは許されない類推解釈というべきであろう（同旨、福田・前掲六〇頁）。業務主処罰に両罰規定の適用が必要であることはすでに述べたとおりである。

暴利取締令につき同様の趣旨を述べている判例として法人の犯罪能力の章に掲げた判例【4】がある。事案は株式会社の株式過半数を有しかつその代表取締役たる被告人が暴利取締令に違反して会社の鉄板を売惜み又は不当価格で販売したというものであつた。上告趣旨は本件は株式会社の違反行為で被告人個人の行為ではないから個人たる被告人を処罰すべきでないと主張したのに対し、判決は「同号ニ生活必需品ノ買占若クハ売惜ヲ為シ又ハ其ノ販売ヲ為シタル者トハ震災ニ際シ暴利ヲ得ルノ目的ヲ以テ事実上是等ノ行為ヲ為シタル者ノ謂ニシテ苟モ該行為ヲ為シタル者アル以上ハ犯罪成立シ其ノ者カ法人ノ代表機関トシテ之ヲ為シタルト否トハ犯罪ノ成否ニ毫モ消長ヲ来スモノニアラサルナリ」としている。

なお、法人の犯罪能力否定の見地から事実行為者を処罰すべきものとする諸判例をここで参照すべきである（「法人の犯罪能力」の章の判例参照）。

次の判決は漁業者の使用人がバタ網漁業を禁止する規定に違反して漁業をなした事案につき、使用人自身を処罰すべきものとする。本件規定には事業主処罰規定は附せられていなかつた。

【156】「（香川県漁業） 取締規則ニ所謂漁具ヲ使用シタル者トハ漁具ヲ使用シタル一切ノ人ヲ包含スルモノト解スヘキモノニシテ所論ノ如ク漁具使用ニ因リ利益ノ帰属スヘキ者ノミニ限ルモノト解スルノ根拠ナキノミナラス」（大判大九・四・二八刑録二六・三二五）。

本件についても美濃部博士は事業主を処罰すべきものとしていられる（美濃部・前掲六〇、六一頁）。

なお、次の判決は価格統制令の超過価格販売の罪は他人のためその業務に関してなしても個人としてなしても同一の犯罪が成立するとしている。

【157】「価格等統制令ノ価格ヲ超エ物品ヲ販売スル罪ハ之ヲ他人ノ為其ノ業務ニ関シ犯ス場合ニ於テモ犯人カ個人トシテ犯ス違反ノ場合ト均シク同令第二条ニ触レ国家総動員法第三十一条ノ二ニヨリ処断セラレ此ノ両者ハ犯罪行為トシテ本質的ニ何等ノ差別アルモノニアラス只他人ノ為ニスル違反ハ同法第四十八条ニヨリ其ノ他人ニ於テ之カ為処罰ヲ受クルコトアルニ止ル随テ之等行為ヲ犯意継続シテ併セ犯ストキ之ニ対シ連続犯トシテ刑法第五十五条ノ適用ヲ妨クルコトナシ」（大判昭一八・五・二〇新聞四八四八・五）。

控訴院判例

高等裁判所判例

地方裁判所判例

判例索引

大審院判例

最高裁判所判例

著者紹介

金《かな》澤《ざわ》文《ふみ》雄《お》　広島大学助教授

総合判例研究叢書　刑法（17）

昭和37年9月5日　初版第1刷印刷
昭和37年9月10日　初版第1刷発行

著作者　金澤文雄

発行者　江草四郎

東京都千代田区神田神保町2ノ17
発行所　株式会社　有斐閣
電話九段（331）0323・0344
振替口座東京370番

秀好堂印刷・稲村製本

総合判例研究叢書 刑法(17)
(オンデマンド版)

2013年2月1日　発行

著　者　金澤　文雄
発行者　江草　貞治
発行所　株式会社 有斐閣
〒101-0051　東京都千代田区神田神保町2-17
TEL　03(3264)1314(編集)　03(3265)6811(営業)
URL　http://www.yuhikaku.co.jp/

印刷・製本　株式会社 デジタルパブリッシングサービス
URL　http://www.d-pub.co.jp/

AG517

ISBN4-641-91043-X
Printed in Japan